*Este libro
pertenece a*

Sandra Castrejón

*…una mujer conforme
al corazón de Dios.*

SARA

Camina en las promesas de Dios

ELIZABETH GEORGE

EDITORIAL
PORTAVOZ

Agradecimientos

Como siempre, agradezco a mi amado esposo
Jim George, M.Div., Th.M., por su apoyo
acertado, su guía y sugerencias, y por alentarme
con amor en la realización de este proyecto.

Título del original: *Walking in God's Promises*, © 2001 por Elizabeth George y publicado por Harvest House Publishers, Eugene, Oregon 97402. Traducido con permiso.
www.harvesthousepublishers.com

Edición en castellano: *Sara: Camina en las promesas de Dios*
© 2008 por Elizabeth George y publicado por Editorial Portavoz, filial de Kregel Inc., Grand Rapids, Michigan 49505. Todos los derechos reservados.

EDITORIAL PORTAVOZ
2450 Oak Industrial Dr. NE
Grand Rapids, Michigan 49505 USA
Visítenos en: www.portavoz.com

ISBN 978-0-8254-5970-2

1 2 3 4 5 / 26 25 24 23 22 21

Impreso en los Estados Unidos de América
Printed in the United States of America

Contenido

Prólogo

esde hace tiempo he buscado estudios bíblicos de uso diario que me permitan conocer mejor la Palabra de Dios. En esto me hallé entre dos extremos: estudios bíblicos que requerían poco tiempo pero superficiales, o estudios profundos que exigían más tiempo del que disponía. Descubrí que no era la única, y que como muchas mujeres, vivía muy ocupada pero deseosa de pasar tiempo provechoso en el estudio de la Palabra de Dios.

Por eso me emocionó tanto saber que Elizabeth George quisiera escribir una serie de estudios bíblicos para mujeres con lecciones profundas que requerían solo 15 o 20 minutos diarios. Después que completara su primer estudio sobre Filipenses, estaba ansiosa por conocerlo. Aunque ya había estudiado Filipenses, por primera vez entendí bien la organización del libro y su verdadera aplicación para mi vida. Cada lección era sencilla pero profunda, ¡y escrita especialmente para mí como mujer!

En la serie de estudios bíblicos de *Una mujer conforme al corazón de Dios*® Elizabeth nos guía en un recorrido por las Escrituras, y comunica la sabiduría que ha adquirido en más de 20 años como maestra bíblica para mujeres. Las lecciones abundan en contenidos muy valiosos, porque se fundamentan en la Palabra de Dios y son el fruto de la experiencia de Elizabeth. Su estilo de comunicación personal y afable hace sentir como si estuviera estudiando junto a ti, como si en persona te orientara en la mayor aspiración que pudieras tener en la vida: ser una mujer conforme al corazón de Dios.

Si buscas estudios bíblicos que pueden ayudarte a cimentar tu conocimiento de la Palabra de Dios en medio de tantas ocupaciones, estoy segura de que esta serie será una grata compañía en tu andar diario con Dios.

—LaRae Weikert
Directora Editorial,
Publicaciones Harvest House

Preámbulo

En mi libro *Una mujer conforme al corazón de Dios*® hablé de esta clase de mujer como alguien que tiene el cuidado de poner a Dios en el trono de su corazón y como su máxima prioridad en la vida. También mencioné que una forma de lograrlo sin falta es alimentar un corazón anclado en la Palabra de Dios. Esto supone que desarrollemos unas raíces profundas en las Escrituras.

Antes de emprender nuestro estudio bíblico, dedica un momento a pensar en los siguientes aspectos concernientes a las raíces y al estudio diario y constante de la Palabra de Dios:

- *Las raíces no están a la vista.* Será necesario que apartes tiempo a solas, "en lo secreto", si deseas sumergirte en la Palabra de Dios y crecer en Él.

- *La función de las raíces es absorber nutrientes.* A solas, y con tu Biblia en mano, podrás alimentarte de las verdades de la Palabra de Dios y asegurar tu crecimiento espiritual.

- *Las raíces sirven para almacenar.* A medida que adquieres el hábito de escudriñar la Palabra de Dios, descubrirás que acumulas una inmensa y profunda reserva de esperanza divina y fortaleza para los tiempos difíciles.

- *Las raíces sirven de sostén.* ¿Quieres permanecer firme en el Señor y en medio de las presiones de la vida? El cuidado diario de tus raíces espirituales mediante el estudio de la Palabra de Dios te convertirá en una mujer extraordinaria y firme.[1]

Me alegra que hayas escogido este volumen de mi serie de estudios bíblicos *Una mujer conforme al corazón de Dios*®. Mi oración es que las verdades que encuentres en la Palabra de Dios a través de este estudio te acerquen más a la semejanza de su amado Hijo y te faculten para ser la mujer que anhelas: una mujer conforme al corazón de Dios.

En su amor,

Elizabeth George

Comenzar el viaje

aylor, mi pequeña nieta de casi dos años, a quien vi hace poco en una visita imprevista, corrió a su rincón de libros y me trajo su nuevo Libro Dorado favorito: *La princesa y el guisante*. Mientras se acomodaba en mi regazo y volteaba las páginas, todo lo que señalaba y comentaba podía resumirse en una nueva palabra (para ella): *princesa*.

Querida, esa idea bien podría describir nuestro estudio sobre Sara: una mirada a la vida de una princesa, y a su caminar (a veces interrumpido) en las promesas de Dios. En nuestro viaje retrospectivo por la vida de Sara, que incluye más de 13 capítulos de la Biblia, de seguro encontrarás:

- Dos nombres: Sarai y Sara. A lo largo del libro me referiré a nuestra princesa por el nombre de Sara.

- Dos nombres: Abram y Abraham. En todo el libro usaré el nombre de Abraham para referirme al esposo de Sara.

Antes de empezar nuestro estudio de Sara y su camino de fe en las *promesas* de Dios, oremos para que sea una bendición para nuestra vida. Como mujeres conforme al corazón de Dios tenemos mucho que aprender de esta gran heroína de la fe (He. 11:11). En realidad, somos sus "hijas" si seguimos sus pisadas de fe y caminamos en las promesas de Dios (1 P. 3:6).

Ahora, ¡comencemos el viaje!

Lección 1

Conozcamos a Sara

Me encanta cuando alguien me hace una pregunta sustancial, un cuestionamiento que demuestra buen razonamiento por parte del interlocutor y cuya respuesta me mueve a reflexionar.

Bueno, hace poco una dama me hizo esa clase de interrogante: "¿Quiénes son tus autores favoritos y qué tipo de libros lees?" Fue fácil responder la primera parte de la pregunta, pero dediqué un buen tiempo a pensar en la segunda, sobre la clase de libros que leo. Al final, concluí que leo *muchos* comentarios de los libros de la Biblia, *muchos* libros sobre los hombres y mujeres de las Escrituras, y *muchas* biografías de grandes héroes de la fe a lo largo de los siglos.

Todo esto para decir que he leído *mucho* acerca de Sara, la princesa del Antiguo Testamento, y de su esposo Abraham, el padre de nuestra fe.

No obstante, ahora quiero centrarme en *tu* experiencia: ¿Qué sabes o qué has escuchado acerca de Sara? He aquí algunos hechos que confirman los historiadores y eruditos sobre ella:

• Fue una mujer de belleza extraordinaria. Un antiguo comentario judío de Génesis, encontrado entre los pergaminos del Mar Muerto, decía lo siguiente sobre la belleza de Sara:

> De todas las vírgenes y desposadas
> que caminan bajo la bóveda celeste,
> ninguna puede compararse con Sara.[2]

• Fue por mucho tiempo la esposa del patriarca Abraham.

• Fue la "jefa", un complemento para su esposo, el "jefe".

• Fue la "madre" de una nación y antepasada de Jesús.

• Es la primera mujer que nombra el libro de Hebreos 11 en la galería de la fe.

• Es la única mujer cuya edad se menciona en el Antiguo Testamento.

• Es "considerada como una de las 22 mujeres de la Biblia (A.T.) merecedoras del título de 'mujer virtuosa'".[3]

• Algún erudito la describió en estos términos:

> ¿Qué tipo de mujer fue? Ante todo, la esposa de un pionero. Dejó las comodidades de la ciudad por los peligros de una existencia seminómada; dejó su familia para convertirse, junto con su esposo, en una extraña en tierra extraña. Fue una mujer bella, celosa del amor de su esposo y de su propia posición; una madre cuyo anhelo por dar a su hijo lo mejor la llevó a ser cruel. A pesar de eso, las generaciones posteriores la consideraron un dechado de belleza y piedad... Su nombre significa princesa y, aunque la información sobre ella es escasa, podemos concluir que sí es una descripción acertada de la ayuda idónea del gran patriarca.[4]

Todo esto es emocionante. Sin embargo, de todo lo que se ha dicho sobre Sara, lo más importante es lo que nos enseña la Biblia, la

Palabra de Dios. En realidad, lo que Dios dice acerca de Sara supera todo lo demás.

Por tanto, querida mujer conforme al corazón de Dios, veamos ahora la Biblia y aprendamos lo que nos enseña Él acerca de Sara, una mujer que caminó en sus promesas.

La enseñanza de Dios...

1. Los primeros detalles de la vida de Sara aparecen en Génesis 11:29. Lee Génesis 11:27-32 y anota lo que aprendes sobre ella y sus contemporáneos.

Taré:

Abram (Abraham):

Nacor:

Harán:

Lot:

Sarai (Sara):

Milca:

2. ¿Qué más aprendes de Génesis 20:12?

¿Y de Josué 24:2?

Es interesante notar que los nombres de Taré, Labán, Sara y Milca aluden al "dios luna". Además, Ur y Harán eran centros de adoración a la luna.[5]

...*y la respuesta de tu corazón*

* De acuerdo con Hechos 7:2-4, ¿qué lanzó a Sara a una vida de fe?

* Anota lo que dice la Biblia acerca de la relación de una esposa con su esposo en los siguientes pasajes:

Efesios 5:22

Colosenses 3:18

Tito 2:5

* ¿Qué dice la Biblia acerca de Sara como esposa en 1 Pedro 3:6?

* ¿Y qué dice la Biblia acerca de los esposos en...

Génesis 2:24

Efesios 5:23 y 25

Colosenses 3:19

1 Pedro 3:7

• ¿Cómo ves el modelo matrimonial bíblico que reflejan Abraham y Sara hasta ahora?

Meditemos

Hasta ahora (Gn. 11:27-32) no hemos encontrado ninguna promesa que Dios haya dado a esta pareja escogida, Sara y Abraham. Sin embargo, como hemos aprendido en Hechos 7:2-4, Abraham ya había oído y atendido al llamado de Dios. Y da la impresión, de acuerdo con 1 Pedro 3:6, que nuestra Sara estuvo dispuesta a seguir a su Abraham... ¡en fe y sin miedo!

Como bien lo describe el título de un libro, "la aventura de ser esposa" consiste en seguir al esposo dondequiera que vaya. Para mí es una bendición poder contar con el ejemplo de dos mujeres que demuestran tal fidelidad.

El *primero* es la madre de mi pastor. Su esposo era un pastor que se mudaba con frecuencia. Decían que cada vez que él telefoneaba a casa para anunciar otra mudanza, ella tenía las cajas listas y los cuadros descolgados antes de que él volviera a casa después del trabajo.

El *segundo* es mi hija Courtney, quien por estar casada con un oficial de la marina, vive siempre de mudanza en mudanza. Cada vez que a su esposo le asignan una nueva tarea, mi hija limpia feliz cajones, armarios y mostradores, cancela suscripciones de periódicos y revistas, y compra mapas del lugar donde estará su nueva casa.

Ninguna de ellas ha permitido que su "instinto de anidamiento" le impida dejar la comodidad y la seguridad para moverse hacia algo más grande, a una vida de fe. Ellas siguen a sus esposos por fe. Y cabe agregar que esto les exige confiar en el Señor.

Tú también debes confiar en Él si quieres vivir una vida de fe y caminar en las promesas de Dios.

Ahora, antes de que llegues a alguna conclusión apresurada, déjame decirte que este *no* es un estudio acerca del matrimonio. Sin embargo, tendremos la oportunidad de observar de cerca la relación de pareja que disfrutaron Sara y Abraham. Aunque una vida de fe no siempre tiene que ver con un esposo, una mujer conforme al corazón de Dios siempre tendrá que sujetarse a *alguien* cuando se trata de obedecer a Dios. Pasamos nuestra vida sujetas a un padre, a un pastor, a un jefe o supervisor, o a un esposo. En el caso de Sara, ella siguió a su esposo *por fe*, del mismo modo que él obedeció a Dios *por fe*. *esto es la verdad*

¡Sigamos siempre las pisadas de Sara en este aspecto fundamental de la obediencia!

Crecer en la fe
por medio de la aflicción

Génesis 11:27-32

*T*al vez una semilla que trae gran fe es *la carencia*. Con esto quiero decir que muchas veces la fe crece para llenar un vacío, una carencia en algún aspecto de nuestra vida, para completar un elemento ausente. Si te parece, "volvamos" un momento a examinar unas palabras del pasaje citado en la lección 1 y que menciona algo que faltaba en la vida de la querida Sara. Aunque solo son ocho palabras en Génesis 11:30 (al menos en mi Biblia), dejan ver claramente que hay dolor y sufrimiento, fracaso y persecución.

En casi todas las mujeres que conozco y que poseen gran fe, he podido encontrar una aflicción o tragedia que ha servido como semilla para desarrollar una fe mayor. La lista de aquellas que conozco incluye:

- Muchas viudas que han aprendido a vivir sin esposo.

- Una autora que escribe desde su lecho de enferma debido a una dolencia crónica irreversible.

17

- Una madre que ha perdido la mitad de sus doce hijos porque han muerto.

- Varias mujeres que han sufrido de cáncer y que viven bajo la amenaza constante de dicha enfermedad.

- Algunas mujeres cuyos esposos misioneros literalmente lo "vendieron todo" para seguir a Cristo libres del impedimento que significa tener casas o posesiones.

Querida, ¿hay algo que falta en tu vida? ¿Una aflicción o una carencia? Sería bueno que lo identificaras y tuvieras presente en nuestro estudio de la vida de Sara, que sufrió por causa de la esterilidad.

La fe de Sara tuvo que crecer a fuerza de conformarse al plan de Dios para su vida, el cual incluía la esterilidad. Yo sé cuál es y cuál ha sido mi carencia. Sin embargo, también alabo a Dios por su constante bondad, su sabiduría eterna, y su gracia suficiente cuando esa "carencia" ha redundado en crecimiento de mi fe.

La enseñanza de Dios...

1. Vuelve a leer Génesis 11:27-32, y anota aquí las ocho palabras del versículo 30 que hablan de la aflicción y de la carencia de Sara.

2. Sara no fue la única que sufrió esto. Escribe aquí la experiencia de otras grandes mujeres de fe. Escribe el nombre de cada una y lo que la Biblia dice acerca de ellas.

Génesis 25:21

Génesis 29:31; 30:1-2

Jueces 13:2

1 Samuel 1:2, 5-6

2 Reyes 4:12-14

Lucas 1:7

La esterilidad era un estigma que acarreaba oprobio en una cultura donde se asociaban las bendiciones con el derecho de primogenitura. Elisabet, que también fue estéril por muchos años, señaló este hecho cuando quedó embarazada y dijo que Dios "se dignó quitar mi afrenta entre los hombres" (Lc. 1:25).

...*y la respuesta de tu corazón*

• Ya hemos "retrocedido" en nuestro estudio. Ahora quiero que nos "adelantemos" en los acontecimientos de la vida de Sara. Aunque en los próximos días estudiaremos más a fondo cada pasaje, quiero que en esta lección te detengas a observar las numerosas promesas que Dios dio a Abraham y a Sara.

Génesis 12:2

Génesis 12:7

Génesis 13:15

Génesis 15:4

Génesis 17:19

Génesis 18:10

- Aunque Sara se sintiera tentada a abandonar a Dios y su promesa de tener una familia por su condición de esterilidad y la ausencia de hijos, como mujer de fe (He. 11:11) pudo aferrarse a la promesa de Dios de darle un hijo a Abraham.

  El siguiente recuadro también te ayudará a volver tu corazón a las promesas de Dios cuando te sientas tentada a ver solo tu carencia: ¿Cómo fortalecen nuestra fe las promesas de Dios?

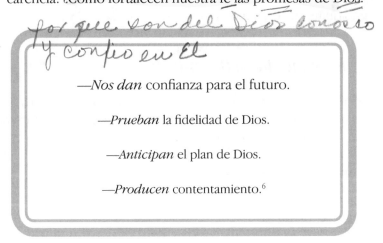

por que son del Dios conozco y confio en El

—*Nos dan* confianza para el futuro.

—*Prueban* la fidelidad de Dios.

—*Anticipan* el plan de Dios.

—*Producen* contentamiento.[6]

- Y ahora, amada hija de Sara, ¿cuál de las promesas que Dios *te* ha dado es *tu* ancla permanente? ¿Cuáles promesas de Dios guían tu vida como faros en tiempos oscuros? Cuando parece que no hay esperanza, ¿qué promesa o promesas de Dios sirven como un sol naciente —o al menos como una estrella naciente— que dirige tu fe hacia la Fuente de fe? Detente ahora y glorifica a Dios dado que reconoces el poder de sus promesas para ayudarte en tu caminar por la vida.

Juan 11:25-26, 40
Gen 18:1-2
Ex 3:7-8, 9, 14, 15 — 1Sam 17:45-47 — Isaías 60:19-20

Meditemos

Pronto veremos más —¡mucho más!— de la vida de Sara y su creciente fe en las promesas de Dios (e incluso algo de su falta de fe a veces). Pero por ahora, quiero que retomes aquella carencia tuya que consideraste al principio de la lección. Con tu respuesta en mente, admira estas maravillosas promesas de Dios, apunta la esencia de cada una, y algunas ideas sobre cómo puedes aplicarlas en tu situación.

La promesa de Dios   *Tu aplicación*

• Salmo 23:1

• Salmo 34:8-10

• Salmo 84:11

• Eclesiastés 3:11

• Filipenses 4:13

• 1 Corintios 10:13

Lección 3

Dejar el hogar

Génesis 11:27-32

*R*ecuerdo muy bien cuando mi esposo Jim me llamó una mañana temprano (¡a las 5:30 AM!), hace muchos años. Fue una llamada telefónica que cambió la vida de cada miembro de nuestra familia. Jim estaba en una excursión misionera en Asia. Para ser más exactos, se encontraba en una cabina telefónica en el aeropuerto de Singapur. Nuestra vida cambió en 9 palabras cuando Jim preguntó: "Oye ¿qué te parece mudarte a Singapur para ministrar?"

No estoy segura del cómo ni del porqué (quizá porque extrañaba tanto a Jim, o porque era tan temprano que no pude pensar con claridad), mi respuesta fue: "¡Seguro! ¿Dónde queda eso?" ¡Y nos fuimos como misioneros a Singapur!

Nuestra lección de hoy nos conduce a una mirada exhaustiva de la "llamada" de Sara, si podemos decirlo en esos términos. Aunque no fue una llamada telefónica, sí fue un "llamado" de Dios a su esposo Abraham, un llamado a dejar su hogar en Ur de los caldeos y emprender un difícil viaje hacia Canaán. Veamos cómo manejó Sara esta situación de dejar su hogar.

La enseñanza de Dios

1. Vuelve a leer Génesis 11:27-32. Ya hemos considerado los nombres de los familiares de Sara y Abraham. También hemos tomado nota del hecho de que Sara no tenía hijos. Ahora quiero que localices con exactitud los siguientes lugares en el mapa de la página 145:

Ur de los caldeos

Harán

Canaán

2. ¿Cuán lejos llegó el grupo de viajeros que acompañaban a Sara y a Abraham en el camino hacia Canaán? (v. 31)

¿Qué sucedió en Harán y que les obligó a detenerse allí? (vv. 31-32)

Según los cálculos de los eruditos, después de que Abraham saliera de Ur, residió en Harán unos 15 años antes de viajar por fin con sus familiares hacia la tierra de Canaán.[7]

Se sabe igualmente que Harán era una ciudad tan idólatra como Ur, y que también formaba parte del territorio de Mesopotamia. El hombre y la mujer de fe permanecieron allí 15 años.

...y la respuesta de tu corazón

En su "caminar" con Abraham, que obedecía a Dios, Sara tuvo que salir de Ur de los caldeos. Los eruditos dicen que Ur era un

animado centro comercial, localizado en la región de Mesopotamia en el Golfo Pérsico, y bordeado por el río Éufrates. Era una
de las principales ciudades del mundo. Sus habitantes eran personas inteligentes y educadas. Y aún así, era claro que Dios guiaba
a Sara y a Abraham fuera de la idólatra Ur de los caldeos y lejos
de su tierra natal —la patria que conocían— para ir a una tierra
desconocida.

- ¿Qué nos dice el Salmo 37:23-24 acerca de aquellos que caminan
  en la senda de Dios y según su voluntad?

Por lo general, Dios revela su voluntad por etapas. Así que, mi
querida compañera de viaje, dondequiera que estés, no te
establezcas demasiado rápido, ni eches raíces profundas.
Porque como escribió George Müller acerca del Salmo
37:23-24:

*L*os pasos –*y las paradas*– del piadoso son
ordenados por el Señor.

Él se deleita en su camino [y] lo sostiene
con su mano.[8]

- Aunque todavía no hemos leído ninguna promesa de Dios para
  Sara y Abraham, ¿qué aprendes sobre la fe de ellos en Hebreos
  11:8?

- Dios no dice si fue desobediencia o no el hecho de que Sara y
  Abraham recorrieran solo la mitad del camino a la Tierra Prometida y se quedaran allí por un tiempo. Pero sí dice que esta
  pareja fiel *dejó* su hogar para seguirlo. ¿Recuerdas alguna oca-
  sión en la que Dios te ordenara claramente dejar tu hogar, tu

lugar conocido o tu zona de comodidad para seguirle? Escríbelo aquí, por favor.

O ¿recuerdas que Dios te haya "llamado" a dejar algo o alguien para que pudieras seguirle mejor? ¿Te has resistido a hacerlo o has retrasado tu obediencia? Dilo aquí ahora, y luego medita en esta solemne frase de la escritora y conferencista Elisabeth Elliot:

> *L*a obediencia que tarda es desobediencia.

- Ahora mira estos pasajes que contienen llamados claros y específicos para nosotras como mujeres conforme al corazón de Dios. Anota la esencia de cada llamado.

1 Juan 2:15-17

Colosenses 3:1-2

2 Corintios 6:14-18

Meditemos

"El hogar es donde está el corazón". Creo que como mujer habrás oído este dicho tan sentimental. ¡Pues es cierto! Cuando tú, que eres una mujer conforme al corazón de Dios, te decides a seguirle a Él sin reservas, entonces tu hogar estará dondequiera que vas, porque estarás cumpliendo su voluntad.

Amada amiga, acabo de llegar de Sudáfrica, donde viajé con mi esposo Jim para visitar a los misioneros de nuestra iglesia. Todas son familias amigas, y los hombres son ex alumnos de Jim de la maestría del seminario. ¿Qué pude ver en el campo misionero? ¿Y qué vi en las esposas de los misioneros?

Vi mujeres que han dejado familia, amigos, casas y posesiones para acompañar a sus esposos en este lejano país para servir a Dios. Vi mujeres que viven en lugares inseguros y que oran a diario por la seguridad física de sus familias. Vi mujeres que nunca salen en sus autos cuando oscurece porque representa un riesgo para sus vidas. Vi mujeres que durmieron en el piso para que Jim y yo pudiéramos dormir en sus camas.

La lista de sacrificios que hacen estas mujeres es muy larga. ¿Por qué? Porque ellas han renunciado a todo para seguir a sus esposos… que a su vez siguen a Dios.

¿Te asombra escucharme decir que cada una de estas Saras de hoy están en "casa"? ¿En casa en ese ambiente? ¿En casa en un país extranjero? ¿En casa en su corazón?

Pues ellas tienen gozo *en* su situación porque, como ves, son mujeres conforme al corazón de Dios, mujeres que caminan en las preciosas promesas de Dios… dondequiera que Él las dirige. Él nunca cambia, y tampoco sus promesas.

Mi oración es que tú también, amada, puedas sentirte en casa dondequiera que Dios te guíe.

Lección 4

Caminar y adorar

Génesis 12:1-9

¿Tienes algún himno favorito, amiga? Uno de mis himnos clásicos favoritos es "Me guía Él". A menudo me descubro tarareando su coro:

> Me guía Él, me guía Él,
> Con cuanto amor me guía Él.
> No abrigo dudas ni temor,
> Pues me conduce el Buen Pastor.

Aunque la mayoría de himnos han surgido de una tragedia, este no. Nació del asombro y el gozo que sentía el predicador Joseph H. Gilmore ante la verdad de que el Dios Todopoderoso es quien nos guía. Es evidente que durante casi un siglo los cristianos han tenido el mismo sentir frente a la dirección de Dios, debido a que este himno ha sido quizás el más traducido a otros idiomas.

También nosotras caminamos hoy junto a Sara y Abraham bajo la dirección de Dios. Así que tararea algunos compases… ¡y empecemos nuestro viaje!

La enseñanza de Dios...

1. Lee de nuevo Hechos 7:2-4 y anota las etapas que siguieron Sara y Abraham en su camino a Canaán.

Etapa 1—versículos 2 y 3:

Etapa 2—versículo 4a:

Etapa 3—versículo 4b:

2. Como aprendimos en nuestra lección anterior, Sara y Abraham se quedaron en Harán por espacio de 15 años. Ahora lee Génesis 12:1-3 y anota lo que se pactó en el encuentro de Dios con Abraham:

La parte de Abraham—versículo 1:

La parte de Dios—manifestada en seis promesas (cuatro de ellas están en el v. 2 y las otras dos en el v. 3). Enuméralas aquí.

Promesa #1:

Promesa #2:

Promesa #3:

Promesa #4:

Promesa #5:

Promesa #6:

3. Ahora lee Génesis 12:4-6 y traza en el mapa de la página 145 el camino que recorrieron Sara y Abraham cuando por fe dejaron su mundo conocido por uno desconocido.

¿Quién reunió a este pequeño grupo de fieles seguidores?

¿Qué edad tenía Abraham?

Recuerda que Sara era diez años menor que Abraham. ¿Qué edad tenía entonces Sara cuando partió hacia la Tierra Prometida?

4. Por último, lee Génesis 12:7-9. ¿Cuál fue la promesa que Dios hizo en el versículo 7?

¿Y cuál fue la respuesta de Abraham en el mismo versículo?

Traza en el mapa el siguiente movimiento de Sara y Abraham en su camino de obediencia fiel a Dios (v. 8).

¿Cuál fue el acto de adoración que se repitió?

¿A dónde trasladó esta vez Abraham su equipaje y su parentela? (v. 9) (¡No olvides tu mapa en la página 145!)

...*y la respuesta de tu corazón*

Al examinar el ejemplo de Sara en su andar con Abraham y con Dios, nota que cuando ellos salieron de Harán...

✔ Llevaron consigo a su sobrino Lot. Llevaron y cuidaron a los parientes debido a la ausencia del patriarca de la familia, el padre de Abraham.

✔ Se llevaron todas sus posesiones. ¡No dejaron atrás nada que los hiciera regresar o que atrajera su corazón!

✔ Llevaron a toda su gente; sus sirvientes los acompañaron en su caminar en obediencia a Dios.

✔ Encontraron a los cananeos, descendientes de Canaán, el nieto de Noé (Gn. 9:22). Estos habitaban en casi todo el territorio que más tarde se llamó Palestina, y practicaban una religión pagana e inmoral.

El ejemplo de Sara: Mientras meditas en el modelo de Sara, piensa en tu propio caminar con Dios. Ponte en su lugar. ¿Hubieras sido capaz de dejar tu hogar, tu familia y tus amigos para seguir a Dios y a tu esposo? ¿Por qué sí o por qué no?

Mi esposo me habló de una mujer que vive junto a un lago en el territorio central del país, donde disfruta plenamente de un ambiente tranquilo y un ritmo de vida relajado. Aunque a su esposo le ofrecieron una oportunidad profesional que implicaba mudarse a Los Ángeles, ella no deseaba trasladarse a otro sitio, y mucho menos a esa ciudad. Dejar su lago para acompañar a su esposo implicaba un riesgo, además de ajustarse y crecer en su fe por medio de esos cambios. En el caso de esta mujer, parecía que su comodidad frenaba el crecimiento de su fe.

¿Hay áreas de tu vida en las que necesitas ser más como Sara y "salir" o "dejar" algo o alguien a lo que estás aferrada? Explica tu respuesta, por favor.

La adoración de Sara: Hasta ahora hemos visto en Génesis 12:7-8 cómo Abraham y su clan se detuvieron dos veces para erigir altares y adorar a Dios. Bueno, amiga mía, ¡acostúmbrate a esta escena! ¡La veremos muchas veces más en nuestros viajes con Sara y Abraham! Ellos no solo fueron seguidores, sino también adoradores de Dios. Se deleitaban en declarar su absoluta dependencia de Él y su dedicación incondicional al Señor. Cada altar que construían era igualmente otra proclamación de su devoción a Jehová y de su fe en las promesas que Él les había hecho. Habían roto por completo con las religiones paganas de sus ancestros.

Dedica un minuto a estudiar la vida de Raquel en Génesis 31:17-30. ¿En qué se diferenció su caminar con Dios del de Sara?

✝ Ahora, ¿qué hay de ti? ¿No te has apartado aún de algunas prácticas o costumbres antiguas? ¿Todavía llevas contigo algún "ídolo" al tiempo que procuras caminar con Dios? ¿Sigues el ejemplo de fe de Sara, o la falta de fe de Raquel? Sé específica.

Meditemos

Caminar y *adorar* son palabras que describen claramente el viaje de Sara y Abraham hacia Canaán, y su reconocimiento de la dirección de Dios. ¿Por qué no haces ahora una pausa en tu *caminar* y *adoras* al Señor? O puedes, como alguien dijo acerca de Abraham, "mantener tu correspondencia con el cielo".[9] Sara y Abraham se detuvieron en su viaje para agradecer y dar culto a Dios por su protección y sus promesas. Cada pausa era una demostración de que Dios ocupaba el primer lugar en sus corazones y en sus vidas. El acto de adoración siempre nos recuerda...

...nuestra dependencia de Dios.
...nuestra necesidad de invocar su nombre.
...nuestra gratitud a Dios por sus muchas bondades.
...su deseo de que le obedezcamos.

Desviarse hacia Egipto

Génesis 12:10-20

¿*C*ómo tomas *tus* decisiones? ¿Has meditado alguna vez en esta pregunta? Quizá lo hagas después de la lección de hoy, porque examinaremos bien una decisión que tomó Abraham. Fue una mala decisión motivada por el miedo, y puso en aprietos a nuestra bella Sara. Descubriremos un desvío a Egipto que Abraham tomó en compañía de su familia, sus sirvientes y sus animales.

La enseñanza de Dios...

1. Lee Génesis 12:10-20. ¿Qué nueva coyuntura se presentó en la vida de Sara y Abraham (v. 10)?

   ¿Cómo se describe?

¿Qué decidió hacer Abraham?

2. Cuando Sara y él se aproximaban a Egipto, ¿qué temió Abraham (vv. 11-12)?

¿Qué plan propuso como solución (v. 13)?

3. En efecto ¿qué sucedió (v. 14)?

¿Y qué le pasó a Sara (v. 15)?

¿Cómo trataron a Abraham por causa de Sara (v. 16)?

4. ¿Cómo rescató Dios a Sara (v. 17)?

Ahora, ¿cómo trataron a Abraham (vv. 18-19)?

Al final (v. 20), Faraón prácticamente los echó, y mandó escoltar a la pareja escogida de Dios hasta las afueras del país. Dios usó a un hombre pagano e impío para *reprender* a Abraham y *encaminarlo* de nuevo a su senda.

...*y la respuesta de tu corazón*

Claro, aunque una situación como la que Sara enfrentó no es en absoluto agradable o fácil, nos permite aprender sobre:

• El papel de una esposa (por favor revisa estos pasajes):

Efesios 5:22

Colosenses 3:18

Tito 2:5

1 Pedro 3:1-2

• La gran honra que Dios le otorga a Sara por su fe:

Hebreos 11:11. ¿Cómo se presenta aquí la fe de Sara?

1 Pedro 3:5-6. En tu opinión, ¿qué palabras se destacan aquí?

Parece que Sara guardó silencio durante esta experiencia difícil. Al parecer, se sometió a la petición de Abraham de presentarse como su hermana (¡lo cual era media verdad y media mentira!) Su confianza en su esposo y en Dios debió ser tal, que disipó cualquier temor o inquietud sobre las consecuencias de las acciones de su esposo. Pregunta: ¿Hasta dónde confías en Dios incluso en medio de situaciones difíciles?

Algunas de estas promesas podrían ayudarte en tu caminar con Dios, si alguna vez llegaras a tomar algunos "desvíos a Egipto". Guarda en tu corazón estas promesas para que siempre te acompañen. Anota la promesa que contiene cada una:

Salmo 34:15

Lamentaciones 3:22-24

Mateo 6:26

(Y como nos recuerda el reconfortante himno cristiano: "Si Él cuida de las aves, cuidará también de mí".[10])

1 Pedro 3:12

Meditemos

El dilema de Sara y Abraham suscita una buena pregunta para nosotras que buscamos ser mujeres conforme al corazón de Dios: ¿Cómo podemos conocer la voluntad de Dios? ¿Cómo podemos tomar decisiones correctas que agraden a Dios? Es inevitable fijarnos en el hecho de que Abraham, al parecer, no consultó con Dios respecto al camino que él y Sara debían tomar. Hizo como nosotras tantas veces: ¡Actuar primero y orar después!

Amada lectora, mi esperanza y mi oración es que este episodio de la vida de Sara en verdad te motive a ser más cuidadosa en tu toma de decisiones, que es un aspecto tan crucial. En cuanto a mí, estoy segura de que así sucedió en mi vida. A continuación encontrarás una "receta" útil, si quieres, para tomar decisiones y discernir la voluntad de Dios.[11]

La Palabra de Dios. Consulta siempre la Palabra de Dios. Nuestro primer pensamiento debe ser: "¿Qué dice la Biblia acerca de una situación o una alternativa semejante?" ¿Infringe alguna enseñanza bíblica la decisión que vas a tomar? Asegúrate de seguir el ejemplo de los habitantes de Berea que escudriñaban cada día las Escrituras para encontrar la verdad (Hch. 17:11). Así lo declara una de las verdades de la Palabra que más me gusta: "El consejo de Jehová permanecerá para siempre; los pensamientos de su corazón por todas las generaciones" (Sal. 33:11).

) *Consejo sabio.* Acude a otros miembros del Cuerpo de Cristo. Busca a quienes son dotados y reconocidos por su sabiduría y discernimiento de la Biblia (1 Co. 12:8). ¿Qué dice tu esposo, tu pastor (He. 13:7), o una anciana (Tit. 2:3)?

Mide las consecuencias. Hazte preguntas como estas: ¿Qué es lo peor que podría pasar? ¿Es posible que esto lastime a alguien? ¿Cuál sería una buena decisión? ¿Tengo una mejor opción? ¿Cuál sería la mejor decisión?

Espera en el Señor en oración. ¿Has orado sobre tu situación y tu decisión? ¿Hasta qué punto? ¿Necesitas ayunar mientras esperas que Dios te revele su plan? Orar es una forma de consultar al Señor. Además, no te apresures. Muy pocas situaciones exigen una decisión inmediata. Y si es tu caso, puedes lanzar una "oración relámpago" a Dios como lo hizo Nehemías de forma entrecortada mientras le respondía al rey (Neh. 2:4-5).

Propónte ahora, amada seguidora de Sara, unirte a la orden de cristianas sabias y prudentes que consultan la Palabra de Dios y a consejeros sabios, y que con cuidado miden las consecuencias de sus decisiones y esperan en el Señor en oración. ¡Es probable que esta receta *te* ayude a evitar algunos "desvíos a Egipto"! Como lo expresó el predicador británico F. B. Meyer: "Si su anhelo es conocer, [Dios] se lo hará saber de alguna forma; si no de una, lo hará de otra".[12]

Lección 6

Regreso a Canaán

Génesis 13:1-12

*M*udanza. La sola mención de esta palabra trae a la memoria momentos de pesadilla que hacen crispar a la mayoría de mujeres. Una vez leí una lista de los sucesos que más causaban estrés, y descubrí que el número 1 es la muerte de un cónyuge, seguido por el número 2: ¡una mudanza!

Bueno, en la presente lección nuestra hermana Sara vuelve a mudarse. A lo largo de cinco lecciones, ella se ha mudado:

De Ur	☛	Harán (Gn. 11:31)
De Harán	☛	a Siquem en Canaán (Gn. 12:6)
De Siquem	☛	a Bet-el (Gn. 12:8)
De Bet-el	☛	a Egipto (Gn. 12:10)

Y hoy veremos su mudanza…

De Egipto	☛	a Bet-el (Gn. 13:3)
De Bet-el	☛	a Hebrón (Gn. 13:18)

Veamos qué sucedió en esta última mudanza, y aprendamos más de Sara y de Abraham acerca de cómo caminar en las promesas de Dios. (¡Recuerda tu mapa en la página 145!)

La enseñanza de Dios...

1. Como recordarás, el faraón de Egipto había reprendido seriamente a Abraham por mentir con respecto a Sara, al decir que ella era su hermana y no su esposa (una media verdad que era también una media mentira). ¿Hacia qué dirección se movió la comitiva de Abraham (v. 1)? (No olvides trazar este movimiento en el mapa al final del libro).

   ¿Quién acompañó a Sara y a Abraham (v. 1)?

   ¿Cómo se describe a Abraham en el versículo 2?

   ¿Y cómo se describe a Lot en el versículo 5?

2. ¿Qué hizo Abraham cuando regresó a Bet-el (v. 4)?

   ¿Y qué hizo la compañía de Lot cuando regresaron a Bet-el, y por qué (vv. 6-7)?

   ¿Cómo resolvió Abraham este problema (vv. 8-9)?

3. Cuando estudié el proceso de toma de decisión de Lot, me pareció que siguió una progresión. Lee los versículos 10-13 y mira si estás de acuerdo con que llamemos sus acciones "cuatro pasos hacia el desastre". Es indudable que las elecciones de Lot revelaron su carácter.

   Lot miró.   ¿Qué vio (v. 10)?

   Lot codició.   ¿Qué deseó (v. 10)?

Lot tomó posesión.   ¿Qué escogió (v. 11)?

Lot se fue.   ¿Hacia dónde partió (vv. 11-13)?
                            (Vuelve a usar tu mapa).

Por cierto, los viajeros dicen que desde el lugar donde posible-
mente se pararon Abraham y Lot, se pueden ver el río Jordán
y las amplias llanuras en cualquiera de las riberas, que se pro-
yectan como una línea ondulante y verde que señala el curso
del río.[13]

4. Cuando Lot dejó a Abraham, el Señor se le apareció a este
   último en la tierra de Canaán con dos promesas. ¿Cuál fue la
   primera promesa (v. 15)?

¿Cuán extensa era la tierra (v. 14)?

¿Cuál fue la segunda promesa (v. 16)?

¿Cuán "numerosa" sería la descendencia de Abraham (v. 16)?

¿Qué hizo Abraham al final en este capítulo (v. 18)?

…*y la respuesta de tu corazón*

Siempre en movimiento, de aquí para allá, con el mugido de
toros y ganados, soportando el olor de las bestias y el ardor de
la arena caliente. Peregrinar, viajar como nómadas… ¡y mudarse!
Parece que este es el nuevo estilo de vida de Sara.

Pero ¿no crees que la pugna familiar por las posesiones cau-
saría más tensión que un estilo de vida nómada? Pues resulta evi-

dente que Abraham, el esposo de Sara, supo manejar la tensión con una actitud desinteresada, magnánima, generosa, práctica y sabia. Parece que era un hombre afable que frente a la molestia y la preocupación de un problema familiar tomó la iniciativa y prefirió ceder algo más pequeño (la riqueza familiar) en aras de algo mayor (las relaciones familiares).

Estos consejos nos ayudan a comprender la sabiduría del trato de Abraham hacia su familia, y nos enseñan cómo responder frente a situaciones familiares difíciles:

*T*oma la iniciativa de resolverlas.

Deja que otros escojan primero,

incluso si esto significa no obtener lo que quieres.

Dale prioridad a la paz familiar
frente a cualquier otro deseo.[14]

• ¿Qué nos enseñan estos pasajes del Nuevo Testamento acerca del manejo de problemas interpersonales?

Romanos 12:10, 18

Filipenses 2:3-4

- Amada, ¿tienes problemas interpersonales en este momento? ¿Qué aprendes del ejemplo de Sara y Abraham con respecto a su forma de tratar a Lot? ¿Qué debes hacer para caminar según su noble ejemplo?

Meditemos

Cuando estudiaba esta escena, se me ocurrió que Sara y Abraham pudieron haberse sentido desanimados y afligidos al ver a Lot partir. Él era su amado pariente, su consanguíneo. Habían viajado juntos cerca de dos décadas. ¡Seguro que Lot era como un hijo para esta pareja que no tenía descendencia!

Pero Dios... ¡oh, la bondad de Dios! En su tiempo perfecto, Él volvió a hablarle a Abraham para comunicarle dos promesas que animaran a su amigo, como don de su gracia (Stg. 2:23). ¿Te has sentido alguna vez desalentada o afligida? ¿Sientes en ocasiones que estás frente a un futuro sin esperanza? ¿Un futuro atemorizante? Cobra ánimo, amada mujer conforme al corazón de Dios. Tú también tienes para tu dolido corazón las excelsas y preciosas promesas de Dios. Por consiguiente:

- Nunca subestimes el valor de las promesas de Dios. Puede que Lot haya recibido el paraíso, pero Abraham recibió la promesa.

- Nunca subestimes el poder que tiene una sola promesa de Dios para animarte y darte esperanza. (Y puedo añadir que nunca te canses de animar *a otros* con las promesas de Dios).

- Busca siempre las promesas de Dios en tus momentos de necesidad. Dios le dijo a Abraham: "Alza ahora tus ojos". El salmista escribió: "Alzaré mis ojos" (Sal. 121:1). Las promesas de Dios son como estrellas fugaces en medio del cielo más oscuro. No mires hacia abajo. ¡Más bien mira hacia arriba! Mira a un "cielo" lleno de brillantes promesas de Dios.

- Celebra siempre cada promesa de Dios, y no olvides adorarle con devoción.

Lección 7

Ser valiente

Génesis 14:1-24

obardía y *confianza*. ¿Cómo pueden dos palabras tan opuestas describir a un hombre? Bueno, pues así es. Ambas describen a Abraham.

Vimos la cobardía de Abraham cuando se encontró con el faraón en medio de una hambruna, porque mintió acerca de Sara como su esposa. Y hoy vemos su confianza cuando se viste con prontitud para la batalla y corre al rescate de su sobrino Lot. El relato divino sobre el valiente ataque de Abraham nos cuenta que armó a sus siervos y se fue muy rápido. Según lo expresa el idioma hebreo, Abraham *salió* rápidamente a la guerra (Gn. 14:14), como cuando se desenvaina la espada en un instante. Fue una acción repentina, terminante, y confiada.

Amada mujer conforme al corazón de Dios, Él quiere enseñarnos hoy lecciones acerca de los parientes y la confianza.

La enseñanza de Dios...

Aunque Sara no fue partícipe directa de los siguientes sucesos, nos permiten aprender mucho acerca del camino de su vida.

1. Lee Génesis 14:1-12. ¿Qué sucedió, de acuerdo con los versículos 8 y 9? Resúmelo en una frase sencilla.

¿Cómo terminó la batalla (vv. 10-11)?

¿Qué más ocurrió (v. 12)?

2. Ahora lee Génesis 14:13-16. ¿Qué hizo Abraham cuando se enteró de las noticias acerca de su sobrino (v. 14)?

En pocas palabras, ¿qué sucedió en los versículos 14-16?

¿Cómo terminó todo (v. 16)?

3. Ahora lee Génesis 14:17-21. ¿Cuáles son los dos reyes que se nombran y que salieron a encontrarse con Abraham (vv. 17 y 18)?

¿Qué le dio Melquisedec, rey de Salem, a Abraham (v. 18)?

¿Qué deseaba darle a Abraham el rey de Sodoma (v. 21)?

4. Por último, lee Génesis 14:22-24. ¿Qué le respondió Abraham a Melquisedec, rey de Salem (v. 20)?

¿Y qué le respondió al rey de Sodoma (vv. 22-24)?

3 ¿Por qué (v. 23)?

...y la respuesta de tu corazón

Después de leer este capítulo, no queda duda de que en la tierra de Sara y Abraham hervían las guerras. Aquí vemos varios reyes en conflicto que realizaban asaltos despiadados. La tierra de Sara estaba plagada de guerras y ejércitos bélicos. No obstante, cuando una de esas bandas de saqueadores se llevó a Lot, el sobrino de Abraham, ¡todo fue diferente! En un abrir y cerrar de ojos (como se desenvaina rápidamente una espada), el esposo de Sara y 318 de sus siervos alistados para la guerra, salieron a toda velocidad a rescatar a su pariente que estaba en peligro. ¿Cuál fue el resultado de la campaña de Abraham que lo llevó a recorrer entre 190 y 240 kilómetros (v. 16)? (No olvides mirar tu mapa en la página 145).

- *Sara.* Cuando veo su modelo de vida, pienso que tal vez tuvo que quedarse...

...sola en casa,
...por mucho tiempo (¡fue un largo viaje!),
...sin su esposo y sin 318 de sus siervos que eran guardaespaldas entrenados.

Espero que Sara, la gran mujer de fe, haya confiado en el Señor durante ese tiempo. Aunque nada se dice sobre ella, me agrada pensar que sí lo hizo.

Ahora, la pregunta más importante: ¿Concuerda con tu vida parte de esta descripción? ¿Alguna vez te has quedado sola en casa, por mucho tiempo, sin tu esposo o alguien más que te proteja? Y ¿confías en el Señor cuando estás sola? Cuenta algunos detalles.

1 Este libro trata sobre cómo caminar en las promesas de Dios. ¿De qué manera te anima la promesa del Salmo 46:1-2 en tales situaciones?

2 • *Lot.* No cabe duda de que Lot se encontraba en el lugar equivocado y en el momento equivocado. Veremos más acerca de esto más adelante. Por ahora, ¿cómo se aplica en este momento Gálatas 6:7 con respecto a Lot?

3 ¿Qué es lo que más deseas? (O, dicho de otra manera, ¿qué estás sembrando?) ¿Y de qué manera la caída de Lot sirve como advertencia?

4 • *Melquisedec.* No queremos terminar este capítulo sin notar la importancia del encuentro de Abraham con Melquisedec, rey de Salem. ¡No era un rey cualquiera! Su nombre significa "rey justo", y Salem fue la antigua Jerusalén. Este personaje nunca antes había aparecido, y nunca volvió a aparecer. Sin embargo, adoraba y servía al Dios Altísimo (vv. 18-19) al igual que Abraham. ¿Cómo se refiere a él Hebreos 7:1-2?

5 • *Abraham.* En Génesis 14 encontramos más evidencias de su fe y carácter. ¿Cómo reaccionó ante la noticia de la desaparición de su pariente Lot?

6 ¿Cómo trató a Melquisedec rey de Salem?

7 ¿Cómo trató al rey de Sodoma?

⸿ Según lo que ya sabes de Melquisedec, ¿cómo explicarías la diferencia entre las dos respuestas de Abraham a estos dos reyes?

Meditemos

Comenzamos este estudio con dos palabras opuestas: *cobardía y confianza*. Ahora quiero que nos centremos en responder la pregunta: ¿De dónde viene el coraje? Cuando consideramos la actitud de Abraham para con Dios y sus acciones en estos versículos, parece que su confianza viene de:

• Estar en el centro de la voluntad de Dios y hacer lo recto. ¡*Abraham* estaba en el lugar adecuado en el momento adecuado! Él no quería pelear contra reyes o ganar riquezas, sino sólo rescatar a su pariente.

• Estar preparado. Aunque Abraham era un hombre de paz, estaba preparado para la guerra. Había entrenado a sus siervos con diligencia y sabiduría para la batalla. "Nunca sabemos en qué momento hemos de llevar a cabo tareas difíciles. Como Abram, debemos estar listos para esos momentos y fortalecernos en Dios cuando vengan".[15]

• Ser valiente. "Aquellos que se arriesgan por una buena causa y con buen corazón, gozan de la protección especial de un Dios bueno, y tienen motivos para esperar un buen desenlace".[16]

• Recibir la ayuda de la gracia de Dios. Mientras que las ganancias obtenidas por Lot se habían perdido muy rápido, los pocos recursos de Abraham fueron muy eficaces, pues contó con 318 hombres contra un ejército completo. El Dios Altísimo entregó a sus enemigos en sus manos (v. 20).

ección 8

Confiar en el Señor

¿Qué es fe verdadera? El libro de Hebreos dice que la fe es "la certeza de lo que *se espera*, la convicción de lo que *no se ve*" (He. 11:1, énfasis añadido). Como señala este versículo, la verdadera fe no necesita pruebas visibles.

Otro hecho cierto sobre la fe es que solo es tan válida como su objeto. Por ejemplo, todos tenemos fe en algo: familia, trabajo, país, etc. Sin embargo, la verdadera fe salvadora es poner nuestra confianza en el Dios de Génesis 15. En esta lección veremos cómo Abraham cumplió con esto. Veremos cómo le creyó a Dios acerca de cosas que *no se ven*. Y amada, ¡esa fue la fe que lo salvó! Y, como veremos pronto, es la misma fe que nos salva a ti y a mí.

La enseñanza de Dios...

1. En este nuevo capítulo de la historia de Sara y Abraham, notarás que aquí tampoco se menciona el nombre de ella. Pero como cualquier esposa, todo lo que acontecía en la vida de su esposo la afectaba a ella, en especial cuando él se encontraba con Dios.

Dedica un minuto a revisar estos encuentros y captar la esencia de cada uno.

\ Génesis 12:1-3

♪ Génesis 12:7

⌐ Génesis 13:14-17

2. Ahora lee Génesis 15:1-6. El texto bíblico comienza así: "Después de estas cosas". Describe brevemente los aspectos más destacados del capítulo 14 para aclarar a *qué* se refiere.

¿Cuáles fueron las primeras palabras de Dios para Abraham en Génesis 15:1?

¿Cómo se describe Dios a sí mismo ante Abraham (v. 1)?

Para entender mejor lo que sucede, aquí Dios le promete a Abraham ser su "escudo" contra guerreros extranjeros. Las palabras de Dios tenían como propósito darle a Abraham, que estaba atemorizado, esperanza, coraje y fe.

3. Tal vez a Abraham le preocupaba el peligro que corría su familia por una posible venganza de los reyes que había derrotado; o que pudiera sufrir necesidad después de rechazar la generosa oferta de bienes del rey de Sodoma y de haber tenido que vivir de lo que Lot le dejó cuando escogió las tierras fértiles. No lo sabemos con certeza. Pero hay algo que sí revela el versículo 2 acerca de lo que estaba en la mente de Abraham. ¿Qué es?

* ¿Qué conclusión y qué solución ideó Abraham (vv. 2-3)?

* ¿Qué *dijo* Dios para darle descanso al corazón de su amigo Abraham (v. 4)?

* ¿Qué *hizo* Dios para darle descanso al corazón de su amigo Abraham (v. 5)?

4. Escribe aquí el tan citado versículo 6. Luego marca las siguientes citas a medida que las lees en tu Biblia:

___ Romanos 4:3

___ Gálatas 3:6

___ Santiago 2:23

5. Termina esta sección con la lectura de Génesis 15:7-11. Después que Dios reafirmó a Abraham que tendría un heredero, él pidió algún tipo de señal visible. ¿Qué le pidió a Dios en el versículo 8?

* Y, en pocas palabras, ¿cómo respondió Dios (vv. 9-10)?

Esta es la explicación del Dr. Gene Getz a lo que sucedió aquí: "Dios respondió sirviéndose de una ceremonia común que Abraham conocía. En aquellos días, para celebrar un pacto entre dos partes, se seleccionaban ciertos animales y aves, se cortaban por la mitad y se colocaban en dos líneas. Luego, los dos participantes del pacto pasaban entre las líneas para ratificar el contrato. Cualquier parte que violara el pacto, sufriría el mismo destino que los animales: la muerte".[17]

...*y la respuesta de tu corazón*

Cuando meditaba en esta sección de nuestro estudio, me pareció que incluía dos temas:

- *Un hijo.* Siempre pensamos que la infertilidad de una pareja causa mayor tristeza en la mujer. Sin embargo, es evidente que perturbaba a Abraham. Él pensaba mucho en eso, y hablaba muchas veces con Dios al respecto.

Era un hecho que el tiempo pasaba. En su caminar con Dios, al menos en tres ocasiones previas a este encuentro Él había prometido a Abraham y Sara hacerlos una gran nación y darles descendientes. ¡Y aún no había ningún hijo! Sin duda ellos se cuestionaron, y es posible que se hubieran preocupado y vacilado. Sin embargo...

—Con respecto a los problemas: Ellos hablaban mucho con Dios sobre sus deseos y problemas.

—Con respecto a las promesas: Dios nunca dejó de repetir sus promesas y de reafirmar a su pareja escogida con una promesa tras otra.

¿Es esto cierto respecto a tu caminar, amiga mía? ¿Llevas tus *problemas* a Dios y hablas mucho con Él acerca de ellos? ¿Gozas de la confirmación y reiteración de sus *promesas* reveladas para ti en su Palabra? Dedica un minuto a reflexionar en tus problemas y en las promesas de Dios. ¿Estás confiando en el Señor? Por favor, escribe una respuesta y una explicación.

- *Un pacto.* Como hemos leído, esta clase de pacto se celebraba por lo general entre dos personas. No obstante, en este caso, el patriarca Abraham no caminó entre los animales. ¿Por qué? Porque en este trato Abraham no estaba comprometido a nada. Él le pidió a Dios una señal, y Dios estaba complacido en dársela. Además, el compromiso de mantener este pacto era solo de parte de Dios. Solo Él podía cumplir sus promesas, que eran incondicionales.

Meditemos

Querida, después de ocho lecciones de nuestro estudio todavía no hemos considerado tu relación con Dios, y creo que ha llegado el momento indicado para hacerlo. Este estudio en particular sobre "confiar en el Señor", contiene uno de los versículos clave de la Biblia: "Y [Abraham] creyó a Jehová, y le fue contado por justicia" (Gn. 15:6). Entonces, puesto que la fe es solo tan válida como su objeto, veamos cuál es y cuál debe ser el objeto de tu fe. Responde sí o no estas preguntas, y explica tu respuesta.

1 ¿Crees la verdad de Romanos 3:23?

2 ¿Crees la verdad de Romanos 6:23?

3 ¿Crees la verdad de Romanos 5:8?

4 ¿Crees y confiesas las verdades de Romanos 10:9?

¿Eres hija de Dios, amiga mía? ¿Has *creído* en rectitud? ¿Has confiado en Jesucristo para recibir la promesa de vida eterna (Jn. 10:28)? Por favor, anota tu explicación respectiva. Si tus respuestas son *sí*, entonces tú, estimada amiga, eres en verdad una mujer conforme al corazón de Dios, ¡alguien que de veras confía en el Señor!

Lección 9

Mirar al futuro

Génesis 15:12-21

*C*omo mencioné en nuestra lección anterior, Génesis 15:6, que describe la fe de Abraham, es uno de los versículos (y verdades) claves de la Biblia. Antes de que sigamos y "miremos al futuro", quiero que dediquemos un par de minutos para examinar este versículo:

> *Y creyó a Jehová, y le fue contado por justicia.*

Cuando Abraham confió en Dios y creyó en su Palabra y en su promesa, Él honró su fe: Dios le contó esto (o lo estimó, o lo consideró) como justicia para Abraham. En otras palabras, él fue justificado o considerado justo a los ojos del Señor en virtud de su fe. Como declara Romanos 4:20-22 acerca de Abraham:

> *Tampoco dudó, por incredulidad, de la promesa de Dios, sino que se fortaleció en fe, dando gloria a Dios, plenamente convencido de que era también poderoso para hacer todo lo que había prometido; por lo cual también su fe "le fue contada por justicia".*

Dios vio la fe de Abraham y lo consideró justo. Abraham recibió la salvación como resultado de su *fe* en Dios y en su Palabra, no de *obras* humanas.

Y amada, lo que es verdad acerca de la fe de Abraham y de su salvación, lo es también para ti. *Tu* salvación viene por tu *fe* en Dios, no por obra alguna. Me gustan estos dos comentarios de una Biblia de aplicaciones prácticas:[18]

* La fe es la confianza de que Dios es lo que dice ser y hace lo que dice que hará.

* Fue la fe de Abraham, no la perfección, la que le hizo justo ante los ojos de Dios.

Ahora, ¡sigamos adelante y miremos al futuro!

La enseñanza de Dios...

1. Lee Génesis 15:12. ¿Qué hora del día es? (vv. 12 y 17)

▲ ¿Qué le sucedió a Abraham (vv. 12 y 18)?

2. Enumera las verdades que Dios le reveló a Abraham...

▲ ...respecto a Abraham y su futuro (v. 15)

▲ ...respecto a sus futuros descendientes en:

▲ Versículo 13:

▲ Versículo 14:

, Versículo 16:

, ...respecto a la tierra que Abraham poseería en el futuro (vv. 18-21).

...Y la respuesta de tu corazón

• Un aspecto importante del encuentro de Abraham con Dios en la total oscuridad de la noche, fue su visión de Él. Vuelve a leer Génesis 15:17. La señal del horno humeante y la antorcha de fuego sirvieron como una confirmación visible de la realidad del pacto de Dios con Abraham respecto al futuro de su descendencia.

Sara no estuvo presente en esta conversación tan íntima que sostuvo Abraham con Dios. Pero casi siempre lo que afecta a un esposo, afecta también a su esposa. Me pregunto qué pensó Sara cuando escuchó (en caso de haberlo hecho) acerca de la espeluznante noche de Abraham con animales muertos y desparramados, su esposo ahuyentando buitres, durmiendo entre los cadáveres, y experimentando una visión de Dios.

No obstante, cada encuentro de Abraham con Dios incluía también una promesa para Sara. Su esposo era un hombre piadoso que hablaba con Dios, lo escuchaba, caminaba con Él y lo seguía. ¿Qué dice Génesis 19:27 acerca de algo que Abraham acostumbraba hacer?

¿Cuál era la costumbre de Jesús de acuerdo con Marcos 1:35?

¿Y con Marcos 6:31?

¿Y con Lucas 6:12?

• ¿Estás casada con un hombre cristiano? Si es así, ¿cómo reaccionas cuando tu esposo quiere pasar tiempo con Dios? ¿Cuando se levanta temprano (lo que significa muchas veces acostarse temprano) para tener un tiempo tranquilo? ¿O cuando asiste a un retiro de hombres (lo que exige casi siempre que se ausente de casa)? Sé sincera. Anota también todos los cambios que necesitas hacer.

Además, ¿cómo se benefician tú y tus hijos del tiempo que pasa tu esposo a solas con Dios?

Y tal vez cabe preguntarse también: Si estás casada con un cónyuge cristiano que *no* desea pasar tiempo con Dios, ¿cuál es tu reacción frente a esto?

¿Eres fiel en orar a Dios para que toque el corazón de tu esposo y que otro hombre lo anime en su caminar espiritual? Otra vez, ¿hay algunos cambios que debas hacer?

Y si tu esposo no es cristiano, ¿eres fiel en amarlo, honrarlo, y respetarlo... sin palabra (1 P. 3:1-2)? ¿Eres fiel en orar para que Dios abra su corazón al Salvador? ¿Vives con él de manera piadosa para que él sea bendecido por tu ejemplo constante? De nuevo, ¿qué cambios debes hacer, y cuáles *harás*?

• Ahora, si eres soltera o casada, responde esto: ¿Sigues el modelo de fidelidad de Abraham y de Jesús en *tu* vida devocional, en *tu* caminar con Dios? ¿*Te* levantas temprano, asistes a un estudio bíblico y a retiros espirituales y participas en clases bíblicas para sacar provecho del tiempo con Dios? ¿Qué cambios debes hacer para organizar encuentros frecuentes con el Señor?

Meditemos

Bueno, amiga mía, Dios en verdad les dio a los descendientes de Abraham una tierra enorme que se extendía desde las puertas de Egipto hasta el poderoso Éufrates. ¡Y también es fiel en darles una descendencia tan numerosa como las estrellas!

Sí, es evidente que Dios planeó las vidas de Sara y Abraham, y que les prometió un futuro glorioso. De igual forma, Él ha planeado tu futuro; y tu camino, así como el de ellos, abunda a cada paso en promesas de Dios. En efecto, las promesas de Dios son los regalos que Él nos da, querida. Así que en tu caminar en la vida...

...búscalas cuando lees su Palabra.

...atesóralas como si juntaras diamantes que están a tu alcance.

...memorízalas para echar mano de ellas en tiempos difíciles.

...úsalas cuando el camino de la vida se torna oscuro e incierto.

...comunícalas a otros que necesitan la luz para vivir confiados.

Nunca mires al futuro sin la luz de las promesas de Dios que alumbran el camino!

Lección 10

Esperar en Dios

Génesis 16:1-6

Todo el mundo anda en busca del éxito. Sólo mira en cualquier librería la cantidad de libros de ayuda que ofrecen fórmulas que aseguran el éxito.

Bueno, amada amiga, tú y yo sabemos que la Biblia es el libro supremo para el "éxito". Entre sus hermosas cubiertas hay un inmenso mar de sabiduría y leyes divinas, de preceptos y principios, de enseñanzas y explicaciones, de instrucciones sobre cómo hacer las cosas; todas las cosas y cualquier clase de cosas, a la manera de Dios.

La Biblia también está llena de personas sorprendentes. No cabe duda de que los hombres y las mujeres de las Escrituras proveen estudios fascinantes de personajes. Muchos de ellos nos muestran *la manera correcta* de hacer las cosas, mientras que otros nos enseñan de forma muy gráfica *el modo incorrecto* de hacerlas.

Por desdicha, en la lección de hoy Sara se ajusta a la categoría que no es tan halagüeña. Sigamos y veamos qué podemos aprender de Sara acerca de la importancia de esperar en Dios.

Ella, como puedes ver, estaba afanada... y Dios no. Como inquiere el autor Ben Patterson en su magistral libro *Esperar*:

> ¿*No* es esta la forma como parece que Dios actúa muchas veces? Usted ansía algo que no tiene, algo que es en apariencia legítimo y valioso. Y usted se ve obligado a esperarlo. No hay término para su espera a la vista, y la aflicción se convierte en un dolor tedioso y cotidiano. Usted no puede evitar pensar a cada instante en lo que tanto espera. ¿Piensa alguna vez que Dios de veras se toma su tiempo con usted?[19]

La enseñanza de Dios...

1. ¿Qué revela Génesis 16:1 sobre el camino de la vida de Sara?

Recuerda (una vez más) que en la época de Sara la esterilidad era una afrenta para un hombre y una mujer (¡sin contar que era una angustia tremenda!). Para la esposa de cualquier hebreo, se consideraba que no tener hijos era una calamidad y una desgracia, e incluso una evidencia sospechosa del juicio divino por pecados ocultos.

Sólo quisiera añadir un comentario personal. Recuerdo muy bien la celebración de mi quinto aniversario de matrimonio. Jim y yo celebrábamos una romántica (¡y poco frecuente!) cena fuera de casa. Y yo estaba ahí sentada, llorando y gritando. ¿Por qué? Porque todavía no teníamos bebés. El Señor no había determinado bendecirnos con este anhelo de nuestro corazón.

2. ¿Pero te puedes imaginar estar casada por más de 25 años y no tener los hijos que tanto has anhelado? Este fue el curso de la vida

de Sara, la senda que Dios le pidió caminar con Él. Mira de nuevo estos pasajes como un breve repaso. Ya hemos aprendido que...

...Sara no tenía hijos y era estéril (Gn. 11:30).

...Ella y Abraham permanecieron en Harán 15 años después que Dios le dijera a Abraham que se mudara, y que Él le prometiera descendientes (mira la lección 3).

...Ellos ya habían estado en Canaán, la Tierra Prometida, por unos 10 años (Gn. 16:3), y Dios seguía prometiéndole a Abraham un heredero.

3. Ahora lee Génesis 16:1-3. Según el versículo 1, ¿qué posesión de Sara pudo haber adquirido en Egipto?

¿Cómo decidió Sara utilizar a Agar (v. 2)?

¿Y cuál fue la respuesta de Abraham a la gran idea de Sara (v. 2)?

(En lo personal, he titulado estos versículos "la caída de la fe a la artimaña". Esto último significa maniobrar y manipular sirviéndose de habilidades y astucia. Qué triste ver cómo Sara, una mujer conforme al corazón de Dios y conocida por su fe, falla en esperar en Dios, vacila, y cae tan bajo para obtener su deseo. Quiero decir, hablamos de *Sara*, la mujer que ha caminado en fe junto a su esposo aguardando por más de 25 años la promesa de Dios de darles un hijo. En fin...)

Si echamos un vistazo atrás, ¿cómo se reveló Dios a Sara y a Abraham en...

...Génesis 14:22?

...Génesis 15:1?

Y aún así, ¡Sara no pudo confiar en Dios un día más! ¡No pudo caminar en las promesas de Dios y esperar en Él sólo un día más!

4. Ahora lee Génesis 16:4-6. ¿Qué pasó después (v. 4)?

¿Cómo respondió Agar (v. 4)?

¿Cómo reaccionó Sara ante la respuesta de Agar (v. 5)?

¿Cómo reaccionó Abraham a la respuesta de Sara con respecto a la respuesta de Agar (v. 6)?

¿Qué hizo Sara ante la respuesta de Abraham con respecto a la reacción de Agar (v. 6)? (¡Admito que suena confuso!)

¿Qué sucedió al final (v. 6)?

...*y la respuesta de tu corazón*

• Es obvio que Dios tenía mucho por hacer en la vida de Sara para transformar a esta mujer, incrédula y mañosa, en la mujer de la Biblia que al fin llegó a conocerse como un modelo para todas nosotras; una mujer que (sírvete leer estos versículos para ti misma)...

—exhibió un espíritu afable y apacible (1 P. 3:4),

—confió en Dios (1 P. 3:5),

—anduvo con valentía en los caminos de Dios (1 P. 3:6) y

—fue considerada como una de las gigantes de la fe (He. 11:11).

De cualquier manera, los seis versículos de esta lección tienen que ver con *el fracaso* en esperar que Dios cumpliera una de sus promesas. Aquí vemos de primera mano el conflicto que tantas veces aparece cuando fallamos en esperar en Dios y confiar en Él, y preferimos tomar el asunto en nuestras propias manos.

Sara no pudo esperar. El tiempo fue el mayor enemigo de su fe, y ella se adelantó. Siendo incapaz de esperar la solución *divina*, se adelantó a una *inventada*. Sí, es claro que Sara falló en lo que respecta a "esperar por fe". En lugar de eso, ella asumió el papel de Dios. A su manera y en sus fuerzas trató de ayudarle a Dios a cumplir su promesa a Abraham.

• Nuestra Sara no es la única que fue incapaz de esperar en Dios. El primer rey de Israel, Saúl, sufrió el mismo problema. ¿Qué le mandó hacer el profeta Samuel a Saúl en 1 S. 10:8?

Sin embargo, en vista de que Samuel no llegaba, Saúl tomó el asunto en sus manos. (¿No te suena conocido?) ¿Qué hizo Saúl en 1 Samuel 13:8-9?

¡Qué sucedió de inmediato (1 S. 13:10)?

La incapacidad de Saúl para esperar le costó mucho, igual que a Sara. ¿Qué le declaró Samuel a Saúl con respecto a su malograda espera (1 S. 13:13)?

• Ahora piensa en ti, amiga mía. Sé que es doloroso recordar tus propios errores pasados. Con todo, al pensar en alguno (los verdaderos errores *crasos*, los disparates), ¿crees que pudiste haberlos evitado si tan solo hubieras esperado... en Dios? Por favor, explica tu respuesta.

Meditemos

En nuestra sociedad instantánea, queremos todo de inmediato, ¿no es así? Sólo piensa en tus propios hijos. ¿Cuántas veces tienes que decirles que esperen? A nosotras también, como hijas de Dios, nos resulta difícil esperar. ¿Cuántas veces debe *decirte* Dios que esperes?

Para resaltar esta lección y su preciosa enseñanza de cómo podemos esperar en Dios, presento a continuación algunos apartes que ilustran el sentido de tu *espera*.

* ¿Qué recibirás a cambio de tu espera? Por ejemplo, ¿cuántas veces has esperado para comprar un artículo que después encuentras en oferta?

* Considera siempre la espera como una oportunidad para confiar en Dios (Sal. 27:14).

* Incluye la oración en tu espera diaria. La oración ayuda a armonizar el latido de nuestro corazón con el de Dios. Deja que Él fije el ritmo y la velocidad.

* El tiempo no es problema para Dios. Con Él, un día es como mil años y mil años como un día (2 P. 3:8).

Lección 11

En busca de lo perdido

Génesis 16:7-16

No soy una escritora de ficción (¡y sí que admiro a quienes pueden crear historias y cautivar a lectoras como nosotras!). Sin embargo, sé que una buena norma para escribir ficción es salpicar el texto de pequeñas sorpresas. Por ejemplo, al final de un capítulo dices, ¡oh, mmm! Y al dar vuelta a la página, ¡bam!, ¡hay una sorpresa!

Bueno, esto es justo lo que pasa aquí en Génesis 16. En medio de las ejemplares vidas de Abraham y Sara, los jugadores estrella de Dios en la arena de la fe, encontramos una escena desconcertante acerca de la vida de un "don nadie", una "persona insignificante", una misteriosa sierva pagana y extranjera que dejó una huella permanente en la vida de esta gran pareja de la fe. Por desgracia, este personaje salido de un montón de otros igualmente insignificantes, llegó a ser testigo, partícipe y víctima de las consecuencias del lado oscuro e incrédulo de la pareja escogida de Dios. Sin embargo, el lado positivo de la penosa experiencia de Agar fue haber presenciado dos apariciones de Dios, ¡un privilegio que muy pocos han vivido!

En este capítulo donde incluimos a esta pobre mujer insignificante —Agar, cuyo nombre significa "huida"—, también veremos el primer encuentro con el Ángel del Señor, que era Dios mismo. Sólo a manera de introducción, presento un sencillo bosquejo de Génesis 16:1-6 a fin de ubicarnos en la historia de Agar y cómo la vemos al final huyendo de Sara:

Sara	*hizo algo* —versículo 2
Agar fue	*arrogante* —versículo 4
Sara	*acusó* a Abraham —versículo 5
Sara estaba	*airada* —versículo 6

La enseñanza de Dios...

1. Lee Génesis 16:7-12. ¿Quién fue tras Agar, y dónde estaba ella (v. 7)?

¿Cómo se dirigió Él a Agar (v. 8)?

¿Cuáles fueron las dos instrucciones claras que Él le comunicó a Agar (v. 9)?

¿Qué promesa compartió Él con Agar (v. 10)?

¿Cuál sería el nombre de su hijo y cuál era su significado (v. 12)?

Describe al futuro hijo de Agar (v. 12).

2. Ahora lee Génesis 16:13-16. ¿Cómo se refirió Agar al Ángel del Señor (v. 13)?

¿Cómo se llamó el hijo de Agar (v. 15)?

¿Qué edad tenía Abraham cuando Ismael nació (v. 16)?

(Además, recuerda que ya dijimos que Sara tenía diez años menos que Abraham. Por consiguiente, ella tenía en ese momento ____ años).

...y la respuesta de tu corazón

Como hemos notado, nuestra querida Sara no ha caminado muy bien últimamente en las promesas de Dios. Como Dios había prometido descendencia a Abraham, podríamos decir que él estaba "en otra parte" cuando olvidó consultarle antes de aprobar el plan de Sara de involucrar a Agar. Y Sara estaba "fuera de control" cuando atacó a Agar y la maltrató. De hecho, muchos eruditos piensan que Sara no solo estalló de mal genio, sino que tal vez llegó a golpearla.

Pero como esta lección es acerca de Agar, consideremos también su "caminar". Será útil tener en cuenta algunos hechos.

Es probable que Agar buscara el camino de regreso a su tierra natal, Egipto (Gn. 16:1).

El Ángel del Señor la encontró junto a un camino de tránsito de caravanas, en medio de Sur, un desierto arenoso de 190 kilómetros de extensión y que está ubicado entre Palestina y Egipto.[20]

El hijo de Agar iba a ser un hombre fiero. En sentido literal un "hombre indómito", lo cual asemeja el ímpetu de Ismael y sus descendientes al de un asno salvaje. Él sería rudo y turbulento, un saqueador que vagaría y montaría tiendas en el desierto, un hombre inclinado a la violencia, desprovisto de amigos y lealtades.

En su gracia, Dios le concedió a Agar el privilegio de experimentar su presencia en ese momento de gran aflicción. Esta es la primera aparición bíblica del Ángel del Señor, de Dios mismo. Él se identifica como tal, y habla y actúa con la autoridad de Dios.

Sin embargo, esta mujer que huía no está libre de culpa.

• ¿Qué falta vemos en Agar en Génesis 16:4?

¿Y qué falta vemos en ella en Génesis 16:6?

• ¿Qué dice Proverbios 30:21-23 sobre ese problema?

• Amada, este es un buen momento para hacer un "examen de actitud" de tu propio corazón. ¿Hay alguna persona en autoridad sobre ti a la cual desprecias, resistes, o contra quien estás resentida? ¿El orgullo ha afectado alguna de tus relaciones? Piensa si esto ocurre con tu esposo, tu padre, tu pastor, tu empleador, tu amiga que te ha ofendido, o una hermana.

Nuestro camino y nuestro trabajo deben caracterizarse por el servicio y la sumisión, "no sirviendo al ojo, como los que quieren agradar a los hombres, sino con corazón sincero, temiendo a Dios" (Col. 3:22). ¿Qué añade Colosenses 3:23 a esta instrucción para el servicio leal y la sumisión humilde a otros?

Meditemos

Querida amiga lectora, ¿has pensado alguna vez que eres insignificante? O ¿piensas a veces que a nadie le importas? ¿Que nadie conoce tu sufrimiento o sabe de ti? ¿Que nadie sabe que has sido maltratada injustamente? ¿En alguna oportunidad te has considerado abandonada o excluida, descuidada o ignorada? ¿Has querido en algún momento darte por vencida? Bueno, cobra ánimo. ¿Por qué? Porque a *Dios* le importas, y en su designio ¡nadie es un don nadie! Nuestro Dios ve, oye, se da cuenta de todo y actúa. Por consiguiente, ¡nunca puedes considerarte insignificante a los ojos de Dios!

Nuestro Dios también busca. Él buscó a Adán y a Eva. También a David. Sí, a David, el "más pequeño" de los hijos de Isaí, pero "el hombre conforme al corazón de Dios". Él buscó a Saulo de Tarso. Y el Dios que ve buscó a Agar.

Ahora ¡dale gracias a Dios porque también te buscó *a ti*! Como le recordó Jesucristo a Zaqueo, otra "persona insignificante" y otro don nadie: "el Hijo del Hombre vino a buscar y a salvar lo que se había perdido" (Lc. 19:10).

Caminar con Dios

¡Qué privilegio fue para mi esposo poder oficiar las bodas de nuestras dos hijas! Con la autoridad de un ministro ordenado y la ternura de un padre, Jim hizo lo que ningún otro podía hacer de igual manera y con el mismo corazón. Todavía puedo visualizarlo de pie en el altar de la capilla de nuestra iglesia hablándoles a ellas y a sus futuros esposos. Y aún puedo escuchar cómo les pidió expresar a cada pareja las promesas y los compromisos solemnes para entrar al pacto matrimonial.

Bueno, mi compañera del camino, hoy presenciamos un pacto similar pero mucho más serio. Y este exige también algunos compromisos y promesas solemnes. Asomémonos para ver cómo el Dios Todopoderoso, El Shaddai, se le aparece al esposo de Sara y habla con él.

La enseñanza de Dios...

1. Lee primero Génesis 17:1-3. ¿Qué es lo primero que aprendemos de Abraham (v. 1)?

¿Qué edad tenía Sara si sabemos que era diez años menor que él?

Para poner esta escena en la perspectiva apropiada, ten presente que sucedió unos 13 años después del nacimiento de Ismael, el hijo que tuvo Abraham con Agar, la sierva de Sara. Entre nuestra última lección y esta, y entre los capítulos 16 y 17 de Génesis, habían transcurrido trece años.

¿Cómo se refiere Dios a sí mismo (v. 1)?

Por favor, nota que *Dios Todopoderoso* es una traducción del nombre de Dios: *El Shaddai*. Este último encierra el significado de que "Dios es suficiente" y de "montaña", para dar a entender que Él es una "roca". El nombre subraya el poder de Dios frente a la debilidad del hombre.[21]

¿Cuál fue el doble mandamiento de Dios para Abraham (v. 1)?

¿Y cuál fue la doble promesa de Dios para Abraham si él obedecía los mandamientos (v. 2)?

¿Cómo respondió Abraham a la aparición y el mensaje de Dios (v. 3)?

2. Ahora lee Génesis 17:4-8. Hasta este encuentro con Dios, el nombre del esposo de Sara había sido Abram, que significaba "padre exaltado". Ahora, ¿cuál fue el nuevo nombre que Dios le puso y que significaba "padre de muchedumbre de gentes" (v. 5)?

Explica de forma breve, ¿en qué consiste el pacto de Dios con Abraham y sus promesas para él (vv. 6-8)?

3. Ahora lee Génesis 17:9-14. Después que Dios ha declarado su parte del pacto ("He aquí mi pacto es contigo", en vv. 4-8), esboza la parte que corresponde a Abraham ("En cuanto a ti", en vv. 9-14). Escribe en qué consistía la parte de Abraham según:

El versículo 10:

El versículo 11:

El versículo 12:

El versículo 13:

¿Qué sucedería a quienes no cumplieran el requisito de la circuncisión que ordenó Dios (v. 14)?

Para tu información, la circuncisión no era un rito nuevo. Era una práctica muy extendida en el cercano oriente. Aquí vemos que Dios toma por primera vez la circuncisión como una señal y un sello del pacto entre Él y Abraham. La circuncisión sería la señal externa de la condición interna del corazón. Sería el símbolo de al menos cuatro compromisos: 1) con el pacto; 2) a la completa consagración a Dios; 3) a desechar las costumbres paganas; y 4) a dejar atrás la voluntad propia.[22]

...*y la respuesta de tu corazón*

• El mandato divino de la circuncisión tiene muchas implicaciones espirituales que tú y yo debemos considerar seriamente. ¿Qué dicen con respecto a este rito Hechos 7:8 y Romanos 4:11?

¿Cómo describe Jeremías 4:4 el verdadero significado de ese ritual?

¿Y cómo lo hace Deuteronomio 10:16?

¿Y Colosenses 2:11-12?

• Ahora describe en tus propias palabras la condición del corazón que Dios busca que tengas en tu caminar con Él.

Meditemos

Al estudiar, meditar y orar conforme a este poderoso pasaje clave que reafirma el pacto con Abraham y que señala a Jesucristo —su postrer descendiente en quien serían benditas todas las naciones—, no pude evitar centrarme en estas poderosas verdades:

La persona de Dios. Aquí Dios se revela como El Shaddai, el Dios Todopoderoso, una roca, un Dios espléndido y Aquel que es suficiente. En virtud de su misma naturaleza, El Shaddai nos anima, como escribió alguien con tanta elocuencia, "en todo el peregrinaje, sin importar cuán largo sea el recorrido, o difícil el camino".[23] Y por su fidelidad, Él obra en nuestra vida y cumple sus promesas ¡en su propio tiempo y a su manera!

Obediencia a Dios. Al igual que Abraham, nosotras como creyentes en Jesucristo somos salvas sin condiciones. Sin embargo, de manera condicional, como Abraham, debemos también *caminar* con Dios en fe y en obediencia; debemos hacer todo lo que Él ordena sin reservas. Querida mujer conforme al corazón de Dios, Él no desea una relación distante o indiferente contigo y conmigo, sino que busca una relación incondicional. Dios nos llama a...

...una entrega total.

...una obediencia total.

Las promesas de Dios. Dios le prometió a Abraham darle descendencia, poder, posteridad, bienes y una relación personal. Nosotras también hemos recibido "preciosas y grandísimas promesas" (2 P. 1:4). Ahora, ¡caminemos en ellas con total confianza en Dios y en una obediencia sin reservas!

Lección 13

Obediencia al Señor

é que ya he mencionado un par de mis himnos favoritos en nuestro estudio, pero no puedo evitar mostrarte otro, que podría ser también uno de tus predilectos. Su título resume bastante bien la vida cristiana y nuestro caminar con el Señor. Tomemos un minuto para disfrutarlo juntas.

Obedecer y confiar
Para andar con Jesús no hay senda mejor
Que guardar sus mandatos de amor;
Obedientes a Él siempre habremos de ser,
Y tendremos de Cristo el poder.
Coro:
Obedecer, y confiar en Jesús,
Es la regla marcada
Para andar en la luz.[24]

Cada vez que intento describir a Abraham, hay una palabra que viene de inmediato a mi mente: *¡obediencia!* Parece que cada vez que Dios le pide algo, Abraham se apresura a ponerlo por obra.

¿Qué sucedió cuando Dios le pidió que dejara su hogar? "Por la fe Abraham, siendo llamado, obedeció para salir" (He. 11:8).

Todavía nos falta ver (más adelante, en la lección 22) la más dura prueba de Dios para la fe de Abraham, y su obediencia inmediata cuando "se levantó muy de mañana" y salió para obedecer a Dios (Gn. 22:3). Por ahora aprendamos de otro ejemplo de la obediencia de Abraham al Señor.

La enseñanza de Dios...

1. Cuando estudiamos esta lección y este pasaje de la Palabra de Dios, vemos que Sara está ahora más presente en las palabras de Dios a Abraham: "A Sarai tu mujer" (Gn. 17:15). ¿Qué dijo Dios en el resto del versículo (v. 15)?

¿Qué promesa Dios le dio en el versículo 16 con respecto a Sara?

¿Y qué le depararía el futuro (v. 16)?

2. Cuando Abraham escuchó las buenas noticias, ¿cuáles fueron sus dos respuestas (v. 17)?

¿Por qué estaba tan asombrado (v. 17)?

¿Qué pidió con respecto a Ismael (v. 18)?

En una palabra, ¿cuál fue la respuesta de Dios (v. 19)?

Dios dijo que Isaac, y no Ismael, sería el hijo del pacto. (Y para tu información, Isaac significa "él que ríe").

3. ¿Qué sucedería con Ismael (v. 20)?

Termina aquí el versículo 21: "Mas yo..."

4. Movido por la fe y por el deseo de obedecer a Dios, Abraham cumplió con prontitud la ordenanza del pacto de Dios. ¿Qué hizo él (v. 23)?

¿Quiénes participaron en este acto (vv. 23 y 26-27)?

...y la respuesta de tu corazón

¡Sujétate, amada lectora! (¡y tú también, querida Sara!) Las cosas están por cambiar en la tienda de Sara. ¡Dios ha enviado noticias fascinantes!

- Todos los cambios empezaron con un cambio de nombre. Dios cambió el nombre de Sara. Ya no se llamó _____ sino _____ (v. 15).

A propósito, Sara significa "princesa" y es el femenino de "príncipe". Este nuevo nombre resaltaba el papel futuro que ella iba a jugar como la esposa de Abraham, "una madre de naciones".

¿Cómo describe Dios el título "madre de naciones" (v. 16)?

- ¡Dios le prometió a Abraham un hijo *de Sara* (v. 16)! Ella tendría el gozo indescriptible (y en su caso, milagroso) de recibir a un hijo que encarnaba el cumplimiento de las promesas del pacto de Dios. Por increíble que esto pareciera, fue una palabra segura de parte del Señor. Hacía mucho tiempo que Abraham había recibido la promesa de un hijo. Ahora, por primera vez, Dios le dice que sería un hijo de Sara. ¿Cuántos años tenía la princesa Sara en ese momento (v. 17)?

¿Qué dice el Salmo 113:9 acerca de tal bendición?

* Dios prometió que Sara se convertiría en "madre de naciones" (Gn. 17:16). Según Génesis 22:17 ¿cuán numerosa llegaría a ser su descendencia?

Y a propósito de una "madre de naciones"...

...En 1703 una mujer piadosa llamada Ester Edwards dio a luz a un hijo al que llamó Jonatán. Del hijo de esta mujer, quien llegaría a destacarse como teólogo y predicador, vino un linaje notable. Se han registrado más de 400 descendientes, entre los cuales se incluyen 14 rectores universitarios y 100 profesores; otros 100 fueron ministros del evangelio, misioneros y maestros de teología; más de 100 fueron abogados y jueces, 60 médicos, y otros tantos fueron escritores y editores de gran eminencia.[25]

¿Cómo estimas tu maternidad, amiga mía? ¿Te parece una molestia o una bendición? ¿Estás consagrada a tu labor o a duras penas aguantas? Si eres madre, ¿comprendes el valor de tu papel? ¿Inculcas con fidelidad la verdad de Dios a tus pequeños, oras sin cesar por sus hijos... y por los hijos de sus hijos? Dedica un minuto a escribir unas pocas frases acerca de lo que hay en tu corazón y sobre tu educación de los hijos. ¿Necesitas hacer algunos cambios? Si es así, escribe una oración sincera a Dios.

En efecto, el modelo de vida de Sara estaba a punto de dar un giro completo. ¡Venía un cambio drástico! Imagínate lo que significa ser estéril durante 90 años y luego tener un bebé. Pero Dios no se detiene, y su plan para alcanzar y bendecir a todas las naciones va llegando a su cumplimiento. ¡Y nuestra Sara sería una figura clave! ¡Qué dicha!

• Las promesas de Dios deben traer bendición a nuestra vida. Fue una bendición tan completa para nuestro querido Abraham que, al escuchar la noticia de que Sara tendría un hijo en su vejez (¡y él también!) ¡se rió! (Gn. 17:17). Esta no fue una risa de incredulidad. No, ¡Abraham tenía gozo! Su risa expresaba asombro y gozo incontenible.

Hay otro hombre que recibió un anuncio muy parecido. Se trata de Zacarías, un sacerdote cuya esposa Elisabet también era estéril y había pasado la edad de la maternidad. Su historia se relata en Lucas 1. Cuando el ángel Gabriel se le apareció a Zacarías con las buenas noticias de que él y su Elisabet tendrían un bebé, ¿cuál fue la respuesta de Zacarías en Lucas 1:18?

Amada, esta *sí* fue una respuesta de incredulidad. La risa de Abraham no era sarcástica, sino más bien gozosa. Como expone el comentarista bíblico Matthew Henry: "Incluso las promesas de un Dios santo, al igual que su cumplimiento, son el gozo de almas santas; existe el gozo de la fe y también el gozo de la fructificación".[26]

Meditemos

A la luz de lo que hemos aprendido sobre la vida de Abraham, me gustaría preguntarte: ¿Cuál es tu respuesta habitual a los mandamientos de Dios? ¿Los *obedeces*? ¿Los acatas de forma incondicional? ¿Los pones por obra de inmediato? ¿O más bien esperas, pierdes tiempo y *tardas* en obedecerlos? En cuanto a mí, oro para tener un corazón obediente, ¡y que tú también lo tengas! Considerando la vida de Sara, me gustaría preguntarte: ¿Cómo sueles responder a las promesas de Dios? ¿Las crees? ¿Las recibes de todo corazón? ¿Eres capaz de esperar su cumplimiento? ¿O ríes con disimulo, dudas y cuestionas a Dios? ¡Mi esperanza y mi oración es que hagas lo primero! Además, espero y oro para que tú, amada, seas una mujer conforme al corazón de Dios, una mujer que anda en todos sus caminos y se deleita en todas sus promesas, consciente de que...

*C*ada promesa descansa sobre cuatro pilares:

—La justicia y la santidad de Dios, por las cuales es imposible que Él mienta.

—La gracia o bondad de Dios, por la cual es imposible que Él olvide.

—La verdad de Dios, que hace imposible que Él cambie.

—El poder de Dios, que le permite cumplirlas a cabalidad.[27]

Lección 14

Recibir buenas noticias

i querido esposo me ha llamado del trabajo un sinnúmero de veces para anunciarme: "Tengo que darte buenas y malas noticias. ¿Cuáles te gustaría escuchar primero?"

En cierto modo, la lección de hoy es lo mismo. Dios tenía varios anuncios para Sara y Abraham. Uno era una buena noticia, y el otro una mala. Así que "le apareció Jehová" a Abraham un día durante la siesta del mediodía. ¿Quieres saber cuál era la buena y la mala noticia? ¡No pares de leer!

La enseñanza de Dios...

1. Fueron "ángeles inesperados" los que se aparecieron despúes en el camino de Sara (He. 13:2). Lee Génesis 18:1-8. Cuando Abraham descansaba a la entrada de su puerta para refrescarse con la brisa, ¿qué vio al levantar sus ojos (v. 2)?

¿Y cuál fue su respuesta (v. 2)?

¿Qué les pidió (vv. 4-5)?

¿Cómo respondieron los ángeles a su petición (v. 5)?

¡Ahora Abraham entró en acción! ¿Qué le pidió él a Sara (v. 6)?

¿Qué hizo después (v. 7)?

Al final, Abraham sirvió un gran banquete a sus huéspedes y los atendió.

Esta es la hospitalidad que conservan las culturas nómadas hasta el día de hoy.

2. Ahora lee Génesis 18:9-15 donde encuentras "las buenas noticias" y aprendes un poco más acerca del camino de la vida de Sara. ¿Qué pregunta le hicieron los tres visitantes a Abraham (v. 9)?

¿Cuál fue la buena noticia que comunicaron (v. 10)?

¡Faltaba solo un año para el feliz acontecimiento! ¡Oh, Gloria a Dios! Aún así, ¿cuál fue la reacción de Sara (v. 12)?

¿Tenía razones para reaccionar así (vv. 11-12)?

3. El versículo 13 revela la identidad de uno de los huéspedes. ¿Quién era Él?

¿Cuál fue su pregunta (v. 13)?

¿Qué argumentó al repetir las buenas noticias (v. 14)?

¡Pobre Sara! ¿Cuál fue su respuesta... y por qué (v. 15)?

4. Por último, lee Génesis 18:16-22. El anuncio de las "buenas noticias" produjo un gozo extraordinario y maravilloso, y una luz tan brillante como el de aquel mediodía. Sin embargo, "las malas noticias" que estaban por saber delineaban un cuadro oscuro y deprimente. ¿A qué volcaron su atención los tres visitantes (v. 16) cuando terminaron de disfrutar del banquete?

Escribe otra vez quién era uno de los visitantes, según el versículo 17.

¿Y cuál fue su pregunta (vv. 17-18)?

De acuerdo con lo que dice Dios, ¿cuál es una de las responsabilidades fundamentales que tienen los padres cristianos (v. 19)?

¿Qué sucedía en Sodoma y Gomorra (vv. 20-22)?

¿Y quién vivía allí (Gn. 13:10-12)?

...y la respuesta de tu corazón

Notamos al principio que la vida de la anciana Sara estaba a punto de cambiar. Aquí leemos sobre algunos cambios y aprendemos más de su vida y su caminar diario. Vamos a centrarnos en tres aspectos que nos permiten cumplir el objetivo de nuestro estudio.

* *Hospitalidad*. Es cierto que Sara y Abraham vivían en un desierto, y que tal vez no tenían muchos visitantes. Quizá por eso *se levantaron* y *corrieron* a toda prisa aquel día cuando aparecieron tres visitantes. Por cierto, en esa época la reputación de una persona dependía de su hospitalidad. Todo el mundo era tratado como un huésped honorable, y se ofrecía comida y alojamiento con prodigalidad.

¿Qué dice el Nuevo Testamento sobre la importancia de practicar en tu vida la hospitalidad en 1 Timoteo 5:10?

¿En Hebreos 13:2?

¿Y en 1 Pedro 4:9? (¡y no olvides notar las palabras finales de este versículo!)

Antes de que dejemos este importante aspecto de la vida cristiana (y que tú y yo podemos empezar a practicar), escribe en un momento el ejemplo de hospitalidad de estas mujeres:

Rebeca en Génesis 24:23-25:

Raquel en Génesis 29:13-14:

Lidia en Hechos 16:15:

Priscila en 1 Corintios 16:19:

- *Fe.* "¿Hay para Dios alguna cosa difícil?" *Difícil* aquí significa literalmente "increíble". La pregunta de Dios se leería entonces: "¿Hay para Dios alguna cosa increíble?" ¡A Sara le pareció increíble el anuncio del Señor! ¡Imposible! ¿Qué nos dice Lucas 1:37 sobre este asunto?

Sí, lo que Dios propuso fue extraño, extraordinario y sobrenatural. Lo que Dios proponía era algo *sobre*natural que pertenecía al dominio divino, algo que requería un milagro, ¡algo que Dios era muy capaz de cumplir!

- *Crianza de los hijos.* ¿Cómo confirma 1 Timoteo 3:4 las instrucciones para los padres que Dios estableció en Génesis 18:19?

¿Y Efesios 6:4?

¿Qué consejo ofrece Deuteronomio 6:6-7 a las madres y a los padres en este aspecto fundamental de instruir a sus hijos en el camino del Señor?

Meditemos

"¿Hay para Dios alguna cosa difícil?" Ya vimos cuál fue la aparente respuesta de Sara a esta pregunta. Por desgracia, ella pensó que sí había algo muy difícil para el Señor. Parece que en un momento de incredulidad Sara consideró que sí era demasiado difícil para Él hacer que su cuerpo viejo, desgastado, marchito y desvencijado (este es el significado literal aquí) pudiera concebir, dar a luz, y alimentar a un hijo. ¡Cuán equivocada estaba! Ahora, ¿cómo responderías *tú* la pregunta, querida? "*¿Hay* alguna cosa demasiado difícil para el Señor?"

Lección 15

Interceder por otros

Génesis 18:23-33

Debo admitir que nada hay en la vida (claro, aparte de mi relación con el Señor) que sea tan importante o emocionante para mí como el acontecer de cada miembro de mi familia. En mi experiencia personal, cuando hay agitación en la vida familiar o cuando un miembro de la familia atraviesa una dificultad, todo lo demás pierde importancia. Por ejemplo, cuando mi padre moría de cáncer, pasé casi un año completo ayudándolo, y todo lo demás pasó a un segundo plano. Poco me importaban las noticias internacionales, la política, el último chisme de Hollywood, la última moda, etc. Lo mismo sucedió cuando una de mis hijas tuvo un hijo con una discapacidad física. De alguna manera, los otros sucesos de la vida perdieron su importancia en esos tiempos críticos. ¡Mi corazón estaba en otra parte!

También puedo decirte, a raíz de mi propia experiencia y mi sentir, que cuando tengo que orar por sus vidas, más amo a mis familiares y más los tengo presentes. En lo que respecta a mi familia, las palabras de Pablo lo dicen todo: "(l)os tengo en el corazón" (Fil. 1:7).

En esta conmovedora escena de la vida y el corazón del esposo de Sara, vemos esa clase de cuidado y preocupación familiar. Se avecina un problema en el clan de Abraham, y él nos muestra la forma correcta de manejarlo.

La enseñanza de Dios...

1. Recapitulemos. Nuestra lección pasada nos dejó con las "buenas noticias" del anuncio divino que incluía también malas noticias, y ambas tenían que ver con su familia. En pocas palabras, ¿cuál fue la buena noticia (Gn. 18:10)?

2. Luego Dios centro su atención en las "malas noticias" sobre Sodoma y Gomorra. Su preocupación evidenciaba problemas en el lugar donde vivía el sobrino de Sara y Abraham. ¿Cómo reaccionó Abraham (v. 22)?

3. Ahora lee Génesis 18:23-33 y trata de entender la progresión de esta instructiva conversación entre Abraham y el Señor por medio de las siguientes preguntas:

¿Cuál fue la primera pregunta que le hizo Abraham al Señor (v. 23)?

¿Cuál fue la pregunta hipotética de Abraham (v. 24)?

¿Qué le suplicó a Dios conforme a su carácter divino (v. 25)?

¿Cuál fue la respuesta de Dios (v. 26)?

Abraham intervino una y otra vez apelando a la naturaleza de Dios para impartir justicia. ¿A cuántas personas pidió Abraham que Dios perdonara en estos versículos?

Versículo 28:   Versículo 31:

Versículo 29:   Versículo 32:

Versículo 30:

De forma breve, escribe cuál fue la respuesta de Dios en cada caso.

Una pequeña posdata: Dios ya sabía, como veremos pronto, que ini siquiera había *diez* justos en Sodoma y Gomorra!

...*y la respuesta de tu corazón*

Amada, este pasaje nos revela una vez más el carácter del esposo de Sara. Él fue un hombre conforme al corazón de Dios que amaba profundamente a su familia. Este pasaje también revela de forma clara y notable el carácter *de Dios*. Además, nos enseña acerca de la oración intercesora.

• *Lo que aprendemos acerca de Dios.* Aquí Él se muestra...

  ...bueno. Él analizó la situación en Sodoma y Gomorra antes de actuar.

  ...paciente: con las peticiones de Abraham, con Lot, y con Sodoma y Gomorra.

  ...misericordioso. Él perdona... y había perdonado.

...justo. Él castiga el pecado.

...accesible. Le permitió a Abraham conversar con Él, preguntarle, y "negociar" con Él.

- *Lo que aprendemos acerca de la oración.* Si Dios es accesible, entonces ¡podemos tener acceso a su presencia! En tus propias palabras, ¿qué evidencia el lenguaje que usa Abraham para hablar con Dios sobre la manera como se acercaba a Él (mira vv. 27, 30, 32)? ¿Podrías describir en tres o cuatro palabras sencillas la petición de Abraham al Señor?

¿Qué dice Proverbios 15:8 acerca de la oración?

¿Qué dice Santiago 5:16?

Como alguien comentó acerca de la oración y de Abraham:

> *La* oración intercesora siempre revela lo mejor de los hombres; su altruismo brilla cual hermosa joya. Al suplicarle al Señor, Abraham demostró claramente su amor y preocupación sinceros. Además, pudo volver a experimentar la amistad de Dios, quien le demostró su deseo de consultarlo y de concederle una revelación especial previa a la ejecución del juicio.[28]

- Amada, ¿quiénes son esos "otros" por los que intercedes? Aquí vimos que Abraham intercedió por su familia. ¿Cuáles son tus parientes por quienes oras con frecuencia? ¿Con cuánta fidelidad y asiduidad lo haces? ¿Necesitas hacer algún cambio en tu vida o en tu lista de oración? Responde ahora estas preguntas.

* ¿Estás de acuerdo con la afirmación de que la oración intercesora siempre revela lo mejor de los hombres? Explica tu respuesta (¡espero que lo hagas con información de primera mano!)

* ¿Tu oración intercesora y tu altruismo brillan cual hermosa joya? Apunta algunos propósitos y hábitos nuevos que pueden embellecer más esta hermosa joya.

Meditemos

Puesto que Dios promete responder nuestras oraciones, en esta sección vamos a hacer hincapié en "la práctica de la oración". ¿Cuáles son otras pautas bíblicas y promesas de Dios relacionadas con la oración que nos exhortan a orar y nos conducen a una vida de oración más provechosa? (No olvides anotar las condiciones divinas para el cumplimiento de sus promesas).

Mateo 7:7-8

Mateo 21:22

Marcos 11:23-24

Juan 15:7

Santiago 4:2-3

1 Juan 3:22

1 Juan 5:14-15

Amada, ¿llevas una vida que agrada al Señor? ¿Permaneces en Él? ¿Pides conforme a su voluntad revelada en su santa Palabra? ¿Eres diligente en pedir, buscar y llamar? ¿Sigues el modelo de intercesión vehemente que nos dejó Abraham para pedir por tus seres queridos?

Lección 16

Rescatar a Lot... ¡otra vez!

Génesis 19:1-14

Vuelve Lot, el sobrino de Sara y Abraham. Ya sabes, aquel cuyos pastores pelearon con los pastores del tío Abraham, aquel que escogió la rica y fértil llanura de Sodoma y Gomorra, y que dejó al amable Abraham a que se las ingeniara para vivir en las áridas colinas de Canaán donde apacentaría su ganado. ¿Lo recuerdas?

Tú y yo, al igual que Sara, Abraham y Dios, sabíamos que Lot tomó una mala decisión cuando escogió ir a Sodoma. Fue una decisión peligrosa y equivocada porque, como dice la Biblia, "los hombres de Sodoma eran malos y pecadores contra Jehová en gran manera" (Gn. 13:13).

Bueno, amada amiga, hoy podemos constatar que fue *una decisión desastrosa*. Todo lo que puedo decir es que te prepares, porque se trata de una escena horrible, difícil de leer. Incluso puedes inclinarte a cuestionar por qué una depravación semejante aparece en las páginas de la santa Palabra de Dios. Al respecto, veamos lo que comenta un escritor:

> ...Dios inspiró a Moisés a registrar en detalle todos los sucesos posteriores a la decisión de Lot, con el propósito

de que conociéramos las consecuencias de las decisiones egoístas. Aunque son detalles más bien descriptivos, siendo la Biblia un libro veraz, constituyen una seria advertencia para todo el que es tentado a jugar con fuego. No es posible escapar de él sin quemarse.[29]

La enseñanza de Dios...

Lot era la única "familia" de Sara y Abraham, aunque con seguridad habían dejado otros familiares cuando partieron de Ur de los caldeos (Gn. 11:27-31). Y sí, sus caminos volvieron a cruzarse (Gn. 24) en un punto donde podemos imaginar el lugar que todavía ocupaba Lot en el corazón de los queridos y ancianos Abraham y Sara, que todavía no tenían hijos. Veamos cuál es el nuevo acontecimiento en la vida de su amado sobrino.

1. Lee Génesis 19:13. ¿Quiénes llegaron a Sodoma y dónde encontramos a Lot (v. 1)?

   ¿Qué les ofreció Lot a los dos ángeles (vv. 2-3)?

2. Ahora lee Génesis 19:4-5. ¿Qué sucedió después?

   Valga la aclaración de que estos hombres "buscaban relaciones homosexuales con los visitantes".[30]

3. Ahora lee Génesis 19:6-9 (si puedes digerirlo). ¿Cuál fue la incomprensible (!) solución que propuso Lot para proteger a sus dos huéspedes celestiales (v. 8)?

   ¿Cuál fue la actitud de los hombres de Sodoma hacia Lot y cómo respondieron a su propuesta (v. 9)?

4. Ahora lee Génesis 19:10-11. ¿Cómo salvaron los ángeles a Lot (v. 10)?

¿Qué les hicieron a los hombres de la ciudad (v. 11)?

5. Por último, lee Génesis 19:12-14. Ahora los ángeles se ocupan de Lot y su familia. ¿Qué instrucciones le da a Lot y por qué (vv. 12-13)?

¿Cuál fue la actitud de los yernos de Lot hacia él y su mensaje (v. 14)?

…y la respuesta de tu corazón

• Lo que sucedió con Lot y su familia constituye una clara lección acerca de *nuestro* caminar, de la dirección que toma *nuestra* vida, y de lo determinantes que son *nuestras* decisiones en ambos aspectos. A continuación, veremos algunos comentarios del Dr. Gene Getz del Seminario Teológico de Dallas acerca del "caminar" de Lot. Sólo mencionaré en este caso los resultados de la decisión de Lot que se aplican a Génesis 19:1-14, el pasaje de esta lección. Observaremos otros "resultados" en nuestro próximo estudio.

Los resultados de la decisión de Lot (Gn. 19).

—Lot se vio sometido a gran hostigamiento y a muchas demandas (vv. 4-7, 9).

—Lot perdió todo raciocinio moral (v. 8).

—Lot perdió su autoridad sobre sus parientes más cercanos (v. 14).[31]

• ¿Qué dicen estos pasajes sobre tomar decisiones "correctas"?

Salmo 37:4-5

Proverbios 3:5-6

Proverbios 16:3

Jeremías 17:9-10

Santiago 1:5

Santiago 4:17

• Si ya sabemos lo que hizo Lot y cuál fue su error, ¿por qué tenemos que leer el relato? Porque Dios nos habla por medio de su Palabra y del ejemplo de Lot, y como mujeres conforme al corazón de Dios podemos adquirir sabiduría de esos versículos y examinar nuestro corazón:

—¿*Quiénes* son tus mejores amigas, la gente con la que pasas la mayor parte del tiempo? ¿*Qué* clase de personas son?

¿Consideras que su influencia sobre tu vida te inclina a la piedad o a la impiedad? Por favor, explica tu respuesta.

—¿*Dónde* acostumbras pasar tu tiempo libre? ¿*Qué* ves, qué oyes y qué presencias estando allí? ¿Ejerce esto sobre ti una influencia positiva o negativa? Explica tu respuesta.

• Cuando Lot tomó su desastrosa decisión, *miró*, *deseó* y *se apartó*, pero esa fue una estrategia equivocada. Ahora, echa un vistazo a una estrategia mejor que proviene de la Palabra de Dios:

*C*uando tomes una decisión...

...*mira* lo que dice Dios en su Palabra y búscalo en oración (Sal. 63:1).

...*desea* lo que ofrece Dios y no lo que este mundo ofrece (1 Jn. 2:15-17).

...*apártate* de las cosas de este mundo y pon tu mira en las cosas de arriba (Col. 3:1-2).

Anota aquí una decisión que debes tomar. Luego piensa cómo Dios *mira*, *desea* y *aparta* un camino para ti que puede significar un gran cambio y que te guarda de tomar una decisión desastrosa. Así pues, toma la determinación de seguir la estrategia de Dios y no la de Lot.

Meditemos

No olvidemos que fue Abraham quien le suplicó a Dios que guardara a Lot y a su familia. Génesis 19 describe cómo Dios se muestra bondadoso, poderoso y prodigioso al rescatar al bribón de Lot.

Ahora bien, ¿qué aprendemos de Abraham y qué podemos hacer por nuestros parientes descarriados? Aplica estos principios en favor de tu parentela:

Orar. Abraham hablaba mucho con Dios acerca de lo que había en su corazón, y es indudable que Lot, su más cercano y querido pariente, ocupaba un lugar en él. Háblale a Dios acerca de tus seres queridos, y hazlo con frecuencia.

Pedir. Abraham clamó a Dios e intercedió por Lot y su familia, y tú debes hacer lo mismo. Tu responsabilidad (como hemos aprendido) consiste en pedir. La respuesta está en las manos de Dios.

Perseverar. Abraham nunca se dio por vencido, ni con Lot ni con Dios. Tú tampoco debes rendirte.

Persuadir. Aprovecha cada oportunidad para dar un buen consejo, e incluso para dar una advertencia cuando sea imperativo y apropiado.

Amar con fervor. A pesar de la forma como Lot lo trató, Abraham nunca mostró amargura, resentimiento o mala voluntad hacia su sobrino. En lugar de eso, vemos gracia y amor ferviente, un amor que tú puedes imitar, con la ayuda de Dios.

Lección 17

Sembrar... y cosechar

Génesis 19:15-38

El relato bíblico de la vida de Lot, el sobrino de Sara y Abraham, avanza como un drama hacia un punto culminante. El escenario ya se ha dispuesto de manera magistral, los personajes han sido bien delineados, y la trama se precipita hacia una catástrofe con la llegada de los dos ángeles. Todo está en acción. Las emociones se exaltan. ¡Podemos percibir dificultades, acción, y un desenlace inminente! Es obvio que las cosas no pueden seguir como están. ¡*Algo* tiene que pasar! De hecho, todos nuestros sentidos están expectantes, ansiosos porque suceda *algo*. He oído que a este tipo de tensión dramática la denominan "el suspenso de lo que va a pasar". ¿Qué será, y cuándo sucederá?

La enseñanza de Dios...

1. Pobre Sara, y pobre Abraham. Como acabo de decir, la escena está lista. Ya sabemos las consecuencias de las decisiones desafortunadas de Lot y el tipo de lugar donde vivía. ¡Y nada de eso es muy bueno! No, el camino de la vida de Lot había dado

algunos giros desagradables. En términos del Nuevo Testamento, "el justo Lot" (2 P. 2:7-8) está recogiendo lo que sembró. Gálatas 6:7 lo dice en términos muy claros: "No os engañéis; Dios no puede ser burlado: pues todo lo que el hombre sembrare, eso también segará".

Lee Génesis 19:15-22 para ver qué sucedió "al rayar el alba". ¿Cuál fue la orden que los visitantes angelicales le dieron a Lot (v. 15)?

¿Cuán diligente fue Lot en acatar las instrucciones de los ángeles (v. 16)?

¿Qué hicieron los ángeles para salvar a la familia de Lot (v. 16)?

¿Cómo se describe a Dios (v. 16)?

¿Cuáles fueron las tres instrucciones específicas que recibió Lot (v. 17)?

¿Qué "excusas" presentó Lot para no seguir las instrucciones (vv. 18-20)?

¿Cuál fue la respuesta paciente de los ángeles (vv. 21-22)?

2. Ahora lee Génesis 19:23-29. ¿Qué sucedió tan pronto como Lot y su comitiva entraron en Zoar (que significa "pequeño") (vv. 23-25)?

¿Qué le sucedió a la esposa de Lot (v. 26)?

Cuando Abraham miró hacia Sodoma y Gomorra, ¿qué vio (vv. 27-28)?

¿Qué nos dice el versículo 29 sobre la relación que tenía Abraham con Dios?

3. Odio pedirte esto, pero ahora debemos leer Génesis 19:30-38. *¿Quién* se menciona aquí, *dónde* vive ahora y *por qué* (v. 30)?

Responde con la mayor brevedad posible: ¿qué sucedió en los versículos 31-36?

¿Cuáles son los nombres de los hijos que salieron de esta confusa y desagradable escena (vv. 37-38)?

...y la respuesta de tu corazón

• Aunque este pasaje de las Escrituras no habla de Sara, sino de su sobrino Lot, encierra enseñanzas para nosotras acerca de nuestro caminar por la vida, y advertencias relacionadas con la forma en la que Lot caminó.

Esta es la última mención de Lot en el Antiguo Testamento. ¡Qué final para la historia de una vida! Vuelve a mirar Gálatas 6:7 y escríbelo aquí. (¡También deberías memorizarlo!)

Considera la vida de Lot y lo que había "sembrado". Enumera brevemente los errores que cometió. Puede que quieras revisar la lección 6 y releer Génesis 13. Luego mira la siguiente lista que es la continuación de nuestra lección anterior acerca de la caída de Lot.

Los resultados de la decisión de Lot (Gn. 19). Continuación.

—Lot perdió la determinación de hacer lo recto (v. 16).

—Lot se aprovechó de la gracia de Dios (v. 19-23).

—Lot perdió su más preciada posesión: su esposa (v. 26).

—Lot cometió pecado con sus propias hijas (vv. 30-38).[32]

• Mira el Salmo 1. Observa con atención las conductas del hombre (o la mujer) bienaventurado (vv. 1-3), y las del malo que está bajo maldición (vv. 4-5).

Bienaventurado...   Maldito...

• Ahora medita un momento en tu forma de caminar por la vida. ¿Buscas siempre a Dios y tomas decisiones que conducen a la bendición de Dios, como lo muestra el Salmo 1? O ¿siembras semillas que producen destrucción, confusión y frutos malos? Da una respuesta sincera y específica.

Meditemos

Bueno, ¿cómo te fue en tu análisis personal, amada mujer conforme al corazón de Dios? Mirarse en el espejo siempre es algo revelador y serio, ¿no es así? Las mujeres acostumbramos mirarnos mucho en el espejo… pero es más importante examinar nuestro corazón. ¿Estás portándote bien, al menos hoy? ¡Entonces *agradece a Dios* por su maravillosa gracia! ¿Estás fallando? Entonces *desecha* la conducta que conduce al fracaso. Y como todas podemos mejorar, *tomemos en serio* la instrucción de Dios de deleitarnos en Él y en su Palabra (Sal. 1:2).

Y entonces, como promete el versículo 3 del Salmo 1, *todo lo que haces prosperará*. En otras palabras, disfrutarás de gozo profundo y contentamiento en Dios a medida que Él te conduce a la madurez. Ahondarás más y más tus "raíces" en las verdades eternas. Tendrás la certeza de gozar de vitalidad constante y del "éxito" final, porque pones tu confianza inamovible en Dios.

¡Ese sí es un andar digno!

Fracasar en la fe

Génesis 20:1-8

*U*n paso adelante y dos atrás. ¿O son dos pasos adelante y uno atrás? O tal vez sea como el autor y maestro Chuck Swindoll tituló su libro sobre el crecimiento espiritual, *Tres pasos adelante, dos para atrás*. ¡Espero al menos y de corazón que el patrón y el avance de nuestra fe sean positivos!

En lo personal, me considero una cronista. Aunque no soy la clase de persona pesimista que trata de registrar e inmortalizar cada sentimiento y fracaso, trato de anotar el curso de cada día cuando termina. Siempre agradezco a Dios por su gracia cada vez que puedo reportar que he tenido un "buen" día, y pido su perdón y ayuda cuando debo admitir que tuve un "mal" día. No me refiero a días con o sin problemas, porque Jesús *aseguró* que tendríamos tribulación (Jn. 16:33), y que las pruebas son parte de la vida (Stg. 1:2). Me refiero a días y a sucesos que pude o no manejar como Dios manda, a situaciones en las que fallé o logré (también por su gracia) caminar en su sabiduría y en su senda.

Ahora bien, no sabemos si Abraham era un "cronista", pero sí sabemos que Moisés, el autor del libro de Génesis, fue un escritor. Y lo que él nos relata en esta lección no resulta halagador para

Abraham. De hecho, leemos que Abraham, el gran héroe y el padre de la fe, retrocede a su forma antigua de vivir. Miremos el relato sobre el desvío del camino de la fe en el cual incurrió este hombre de fe.

La enseñanza de Dios...

1. Antes de dar inicio a esta nueva lección acerca de otro episodio de incredulidad y maquinación en la vida de Sara y Abraham, revisemos Génesis 12:10-20. Resume en dos o tres frases lo que sucedió en esta escena.

2. Ahora lee Génesis 20:1-8. Asegúrate de consultar tu mapa en la página 145. ¿Qué sucede (v. 1)?

   ¿Qué hizo Abraham que puso en peligro a Sara (v. 2)?

   Si recuerdas, Génesis 12:17 comenzaba con estas palabras: "Mas Jehová…". ¿Cómo empieza Génesis 20:3?

3. Ten en cuenta, por favor, que esto es un *milagro*. Una vez más, hallamos que Dios rescata a la amada Sara. ¿Qué le dijo Dios a Abimelec, rey de Gerar (v. 3)?

   ¿Cómo respondió este rey al anuncio del Señor (vv. 4-5)?

   ¿Cómo se describe Abimelec a sí mismo (v. 5)?

¿Estuvo de acuerdo Dios con la autodescripción de Abimelec o no (v. 6)?

De hecho, ¿qué papel jugó Dios en esta escena donde Abraham engañó a Abimelec (v. 6)?

4. ¿Cuáles fueron las instrucciones finales de Dios para Abimelec (v. 7)?

¿Qué dice Dios de Abraham a Abimelec (v. 7)?

Es importante observar que un profeta "gozaba de una relación especial con el Señor y tenía acceso a Él. Además, contaba con la protección del poder divino, recibía revelaciones, y estaba en la obligación de comunicar el mensaje que había recibido".[33]

¿Cómo respondió Abimelec a las instrucciones de Dios (v. 8)?

¿Cuál fue la actitud general del clan de Abimelec cuando lo escucharon (v. 8)?

...y la respuesta de tu corazón

Nos sentimos tentadas a preguntar: "¿Por qué, por qué, por qué?" Ya los queridos Sara y Abraham, ¿acaso no habían pasado por esto? ¿No aprendieron la lección? Aquí está Abraham, un *profeta* que goza de la "protección del poder divino", ¡actuando con temor, incredulidad e insensatez! ¿No aprenderá nunca?

Sin embargo, no debemos ser muy duras con esta pareja vacilante, porque siendo sinceras, ¿cuántas veces no hemos cometido el mismo error dos veces? ¡A mí me ha pasado!

Con todo, no cesa de asombrarnos. Parece como si hubiera una ruptura en el patrón de fe que Abraham había establecido en los años transcurridos entre el primer suceso (Gn. 12) y el segundo (Gn. 20). Al mismo tiempo, parece muy arraigado el patrón de incredulidad en la misma área, y que lo llevó a mentir para salvarse. Veamos algunos aspectos que hacen más preocupante esta reincidencia y esta segunda ruptura en la fe.

> *Promesa* (ver Gn. 18:10, 14). Cuando estaban a punto de recibir al hijo prometido, pusieron en peligro la promesa de Dios de darles un hijo por medio de Sara. ¿Por qué? Por miedo, por buscar la seguridad personal.

> *Premeditación* (ver Gn. 20:5). Aquí el profeta insigne de Dios demuestra un engaño premeditado. Su mentira fue deliberada y sagaz.

> *Dolor* (ver Gn. 20:4-7). Abimelec, un hombre de gran integridad, sufrió innecesariamente y fue puesto en riesgo por la inoportuna confabulación de Sara y Abraham.

• Sara y Abraham fallaron en su fe. ¿Qué nos enseñan estos pasajes acerca de la fe y de cometer errores?

Salmo 86:11

Romanos 14:23

Santiago 1:5-8

• Ahora veamos algunas preguntas para nosotras. Evalúa tu comportamiento habitual, o tu "nivel de confianza", y explica de forma breve tus respuestas:

Es probable que creas y confíes en la existencia de Dios, pero ¿confías en su cuidado amoroso?

¿Confías en que Dios oye tus oraciones y te guía?

¿Estás convencida de que el método o el plan de Dios es siempre el mejor?

¿Eres fiel en buscar la dirección de Dios todos los días, o sólo esporádicamente?

Por lo general, ¿eres firme como una roca, bien establecida sobre el fundamento de una sólida confianza en Dios... o vives intranquila e inquieta? Anota en detalle algunas oportunidades recientes que hayas tenido para confiar en Dios.

Meditemos

Desearía poder hacerte estas preguntas en persona, y aprender un poco acerca de tu vida, amiga mía. ¡Qué dicha sería hablar del Señor, regocijarnos en sus promesas y orar juntas! Pero por ahora, examina estas "promesas" que tienen que ver con las preguntas anteriores, y ponlas en práctica en tu caminar con el Señor.

Salmo 23:1

Salmo 23:3

Salmo 62:7

Salmo 62:8

Salmo 68:19

Ahora, amada, ¿qué promesa y qué hábito implementarás en tu vida hoy?

Lección 19

Tejer una obra maestra

Génesis 20:9-18

Siempre que hablo de la bondad de Dios, una de mis ilustraciones favoritas es la de los hilos que utiliza la tejedora cuando hace un hermoso tapiz. La clave de la metáfora está en el revés del tejido, que sólo parece una maraña de hilos y nudos, pero que desde arriba, donde está la tejedora, se vislumbra como una obra maestra.

Si traducimos el mensaje de esta ilustración a nuestra vida de mujeres conforme al corazón de Dios, podemos recordar que aún cuando no entendemos o apreciamos desde *nuestra* perspectiva el confuso diseño de nuestra existencia, Dios tiene todo bajo control. Él sabe lo que hace. Y desde *su* perspectiva, los sedosos hilos de nuestra vida se tejen para convertirse en algo claro y precioso, una obra magnífica, digna de exhibirse en los pabellones del cielo.

Amada, hoy tenemos la oportunidad de mirar el confuso enredo que algunas veces caracterizó la vida de Sara y Abraham, y ver al mismo tiempo lo que Dios, el Divino Tejedor, hace para convertir el caos en una obra maestra. Seamos testigos de la obra de Dios en la vida de su patriarca y amigo Abraham, y de su esposa, Sara.

La enseñanza de Dios...

En nuestra última lección nos preguntamos: "¿Por qué, por qué, por qué?" Bueno, en esta lección alguien más pregunta lo mismo acerca de Abraham. Se trata de Abimelec, rey de Gerar. Si lo recuerdas, Abraham había engañado a Abimelec y le había mentido acerca del hecho de que Sara era su esposa. ¡Pero Dios intervino y salvó la situación! ¡Y ahora le toca el turno a Abimelec!

1. Lee Génesis 20:9-18 y guíate por este bosquejo.

Reprendido: ¿Cuáles fueron las tres preguntas que Abimelec le hizo a Abraham (vv. 9-10)?

Por cierto, debes saber que "las tres preguntas de Abimelec... dejaron en claro que a Abraham sólo le preocupó lo que esto *podría acarrearle a él*, sin pensar siquiera en lo que *podría causarle a otros*, ni lo que *otros merecían* en esa situación. Tampoco se cuestionó acerca de *los hechos*".[34]

¿Cómo respondió Abraham (v. 11)?

¿Cómo explicó sus acciones (v. 12)?

Restaurado: ¿Qué le restituyó Abimelec a Abraham (v. 14)?

Agasajado: ¿Qué le obsequió y le prodigó Abimelec a Sara y a Abraham (vv. 14 y 16)?

Reconfortado: ¿Qué puso Abimelec a disposición de Abraham (v. 15)?

2. A cambio, ¿qué hizo el profeta Abraham por Abimelec (v.17)?

¿Qué mal evidente habían sufrido las mujeres de la familia de Abimelec y por qué (vv. 17-18)?

¿Cómo fue contestada la oración de Abraham (v. 17)?

...*y la respuesta de tu corazón*

• Por alguna razón (quizá sumisión, acuerdo o temor...), Sara consintió en la decisión de Abraham de mentir acerca de su relación. Como consecuencia de su acción, Sara volvió a parar al harén de un rey pagano. Otra vez fue usada para proteger el bienestar y la seguridad física de Abraham.

No obstante, Dios volvió a rescatar a la futura madre de la simiente prometida. Copia aquí de tu Biblia lo que le dijo Abimelec a Sara en Génesis 20:16.

Nota que el verdadero significado de estas palabras es que los regalos "pasarían por alto cualquier crítica". En otras palabras, su nombre fue limpiado.[35]

• Toda esta escena es un desastre, ¿no es así? Y aun así, Dios se encarga de sacar algo bueno del error, de hacer algo hermoso con esto. Abraham fue salvado, preservado, instruido, bendecido y liberado (¡y esperamos que haya salido como un hombre más sabio!) Abimelec fue salvado, preservado, limpiado, bendecido y liberado. Y la simiente prometida fue salvada, preservada y... bueno, ¡tendremos que esperar hasta la próxima lección para saber más al respecto!

Escribe aquí Romanos 8:28 y explica cómo ves a Dios obrar en la vida de Sara y Abraham.

¿Qué dice el Salmo 34:8 sobre la bondad de Dios?

¿Y Nahum 1:7?

¿Qué nos dice 2 Pedro 2:9 acerca del Señor?

* Para terminar esta lección, ¿qué cualidades puedes imitar de la vida de Abimelec?

Meditemos

Ahora, piensa en lo que sucede en tu vida en este momento. ¿Qué problemas enfrentas? ¿Cuáles son los desafíos que más te inquietan? ¿Ves el diseño de tu vida enredado, enmarañado y confuso? ¿Indescifrable? ¿Innecesario? ¿Parece un desastre?

Bueno, amada hermana de Sara, ¡no te olvides del "Tejedor Divino"!

El Tejedor Divino

Mi vida no es más que un tejido
entre mi Señor y yo;
no soy yo quien elige los colores
que Él teje con determinación.

A veces Él teje tristeza
y yo olvido, en orgullo necio,
que Él mira desde arriba,
y yo desde el otro lado.

Sólo cuando se silencia el telar
y descansan las lanzaderas,
Dios extiende el lienzo
y explica el porqué de su actuar.

En las habilidosas manos del Tejedor,
los hilos oscuros tienen tanto sentido
como las hebras doradas y plateadas
del diseño planeado por Él.[36]

Lección 20

Esperar, preguntar, deambular

Génesis 21:1-13

Esperar, preguntar, deambular. ¿Alguna vez te ha parecido que estas tres actividades marcan tu vida? Tengo presentes algunos momentos de mi vida en los cuales esperé… y me pregunté… y deambulé. Recuerdo bien cuando esperaba un bebé, como Sara… o tener que esperar a que Jim terminara una década de entrenamiento teológico… esperar el recibimiento de mi primer libro para saber si ameritaba un segundo… esperar una cita médica cuando sentía que algo andaba mal en mi cuerpo… o las tres ocasiones en las que esperé junto a la cama de un ser querido que partiera con Jesús… o preguntarme cuándo Dios iba a obrar en una persona, un asunto, o una decisión pendiente… y deambular como misionera cuando tuve que vivir en nueve residencias diferentes en el lapso de un año. Estoy segura de que tú tienes tus propias anécdotas para contar en relación con estas tres actividades que producen fe.

Esperar, preguntar y deambular son tres palabras que también describen claramente lo que sucedía en las vidas de Sara y Abraham durante esos 25 años. El suspenso apareció desde Génesis 12:2 cuando por primera vez Dios le prometió descen-

114

dientes a Abraham, aunque su esposa Sara era estéril (Gn. 11:30). Allí comenzó la espera, y las preguntas... y el deambular (¡algunas veces hacia los problemas!) se convirtió en un estilo de vida.

Pero al final, en el cumplimiento del tiempo (el tiempo *de Dios*) y gracias a un milagro (el método *de Dios*), la cansada, longeva (y literalmente desgastada) pareja recibió un hijo.

Y nosotras también somos partícipes de la bendición que significó el nacimiento de ese pequeño bebé, al parecer tardío. ¿Por qué? Porque cada profecía del pacto tendría cumplimiento divino por medio de este hijo de Abraham. Su bebé, que precedió al santo niño Jesús, fue el regalo de Dios para el mundo.

¿Cómo sucedió esto?

La enseñanza de Dios...

1. Lee Génesis 21:1-8. ¿Cuáles fueron las dos cosas que el Señor hizo en el versículo 1?

   ¿Qué le sucedió a Sara (v. 2)? (¡Y no olvides anotar *cuándo* sucedió esto!)

2. Ahora, en cuanto a Abraham: ¿Qué nombre le dio al niño (v. 3)? ¿Por qué (Gn. 17:19)?

   Recuerda que el nombre de Isaac significa "él que ríe".

   ¿Qué más hizo Abraham y por qué (v. 4)?

   ¿Qué edad tenía Abraham cuando este hijo nació (v. 5)?

3. Volvamos a hablar de Sara. Describe los sentimientos de Sara según los versículos 6 y 7, y luego lee mi comentario acerca de la "época gozosa" de Sara.

¡*La* tienda del desierto resonaba con júbilo! Sara no podía contener su alegría mientras sostenía a su hijo prometido. Fue una época de celebración gozosa. Había terminado la vergonzosa esterilidad de Sara (Gn. 11:29). ¡Al fin! *¡Por fin!* Después de 25 años de haber escuchado una y otra vez la promesa, de una visita de Dios y de dos ángeles (Gn. 18:1, 2), el pequeño Isaac, sonrosado y arrugado, le nació a unos ancianos y arrugados pero sonrientes padres: Abraham y Sara...

Es indiscutible que este fue un momento de gran regocijo. Isaac fue el hijo de sus entrañas, el hijo de su vejez, el hijo de la promesa de Dios, el fruto de una fe probada, el regalo de la gracia de Dios, y el heredero designado desde el cielo. Así que Sara entonó un canto jubiloso de gozo puro, el primer himno de cuna que se haya registrado, fruto del agradecimiento y la dicha de una madre.[37]

4. Ahora lee Génesis 21:8-13. Algo sucedió con el gozo de Sara. ¿Qué vio ella (v. 9)? ¿Y cuándo ocurrió esto (v. 8)?

Ahora anota...

La petición de Sara (v. 10):

La respuesta de Abraham (v. 11):

El consejo de Dios y el por qué (v. 12):

La promesa de Dios (v. 13):

...*y la respuesta de tu corazón*

Recuerdo bien que en un estudio bíblico al que asistí con mi esposo, el maestro nos propuso hacer un gráfico de nuestro caminar espiritual con Dios. Allí debíamos señalar los puntos altos y los bajos, las personas clave y los puntos de interés, los giros y las desviaciones de nuestro andar con Dios. Pues bien, Jim y yo hicimos el ejercicio y fue muy revelador. De hecho, te recomiendo de veras que hagas lo mismo. ¡Estoy segura de que esto te permitirá ver claramente las verdades y promesas de Romanos 8:28-29!

Hoy vamos a detenernos a examinar parte del rumbo que siguió la querida Sara en su caminar con Dios. Por supuesto que el evento gozoso que ahora nos ocupa es como una explosión de luz. ¡Es como un fuego artificial que estalla en toda su prodigiosa y esplendorosa gloria! Pero ¿cómo se veía el camino que precedió a esta demostración gozosa? Observa que estos pasajes nos recuerdan la espera, las preguntas y el deambular de Sara:

Génesis 11:30   Génesis 15:4

Génesis 12:2   Génesis 17:19

Génesis 12:7   Génesis 18:10

Génesis 13:15

¡Y todo esto se extendió a lo largo de 25 años! Fueron años de esperar, preguntarse, y deambular… y de confiar en las promesas de Dios.

Meditemos

Sin embargo, fiel a sus promesas y en su propio tiempo y a su manera, Dios les dio un bebé a Sara y a Abraham. Dios cumplió lo que había prometido… y siempre lo hace. Lo hizo en su propio tiempo, en el momento perfecto. Isaac nació justo a la hora planificada, ¡ni un segundo, ni un día, ni una década (o un cuarto de siglo) tarde! Dios se deleita en lo imposible. De hecho, esta es su especialidad. Como bien lo expresó alguien: "Hacer lo imposible es la ocupación diaria de Dios".

Amada: ¿Qué cosa estás esperando? ¿Tienes alguna duda al respecto? Incluso quienes poseen una gran fe pueden dudar a veces. Sara tuvo dudas, y Abraham también. Pero *mientras* esperas (¡y te preguntas, y deambulas!), y *aunque* pueda parecer que Dios ha prometido lo imposible y que la vida se detiene, o si comienzas a dudar de la dirección de Dios, sigue el ejemplo de Sara y Abraham.

Primer paso.   Céntrate en Dios y en su compromiso de cumplir sus promesas.

Segundo paso.   Sigue a Dios en obediencia.

Y yo añadiría…

Tercer paso.   Muévete. Con esto, quiero decir que te mantengas ocupada, que seas productiva. Asegúrate de estar avanzando hacia proyectos valiosos. Interésate en la vida de los demás y sé alguien que comparte lo que tiene. "Desarrolla" tu fe mientras la "ejercitas" esperando con paciencia.

Y entonces, un día, amada, en el día señalado por Dios y según su propia forma de hacer las cosas, lo que sólo existía en el reino de la fe se hará realidad. Lo prometido llegará. ¡Qué glorioso será ese día!

Lección 21

Expulsión de Agar

$\mathscr{A}$ntes de que comencemos a ahondar en los cuándo y los porqué del pasaje, permíteme advertirte que es importante recordar que Agar es una mujer especial en la Biblia. ¿Por qué? ¡Porque ella tuvo *dos* encuentros con Dios mismo! Sí, Dios en su bondad y fidelidad cuidó de la vida de Agar, una madre soltera, pobre y maltratada, y de su hijo adolescente. Lee Génesis 21:14-21, y después mi comentario sobre Agar.

> Cuando la profunda oscuridad de una muerte inminente hundió a Agar en la incredulidad, el temor y el abandono, el sol de la promesa de Dios comenzó su brillante ascenso. En realidad, la compasión y la misericordia de Dios nunca fallan... nuevas son cada mañana (Lm. 3:22-23) ¡y así son sus promesas

> No obstante, la crisis de Agar se convirtió en la oportunidad de Dios para obrar. En medio de la ceguera que produce el temor y de la confusión que trae la desesperanza, Agar logró divisar una fresca y naciente esperanza. ¡Fue un milagro! La

voz de Dios resonó desde el cielo para comunicar su bendita promesa: "Haré de él una gran nación". Sí, ¡había esperanza para el mañana! Y tal como Dios había prometido, Agar vivió para ver a Ismael crecer, casarse y convertirse en el gobernante de una gran nación (Gn. 21:20, 21; 25:12-18).[38]

La enseñanza de Dios...

Pasaron unos 16 o 17 años desde la primera "lucha feroz" entre Sara y su criada Agar narrada en Génesis 16. Si recuerdas, el improvisado plan de Sara para tener un hijo supuso darle su esposo a Agar. Según lo esperado, Agar concibió, y su abultado abdomen la llevó también a hincharse de orgullo. Pronto Agar miró con despreció a Sara, la cual por su parte le ordenó que se marchara. Por la intervención del Señor, Agar volvió al hogar de Sara, donde nació Ismael más adelante. Y ahora, después de todos estos años, presenciamos el segundo combate entre las dos. Hoy, el camino de Sara incluye la expulsión de "la sierva" (Gn. 21:10; Gá. 4:30).

Escena 1: Expulsión de Agar

1. Repasa Génesis 21:8-13. Después, lee Génesis 21:14. ¿Qué hizo Abraham?

2. Ahora lee Génesis 21:15-21. ¿Dónde están Agar e Ismael (v. 14)?

¿Qué sucedió con el suministro de agua y comida (v. 15)?

¿Qué pasaba con Agar e Ismael (v. 16)?

3. ¿Cómo comienza el versículo 17?

¿Qué le dijo el ángel a Agar (v. 17)?

¿Qué le mandó hacer a Agar (v. 18)?

¿Qué promesa le hizo a Agar? (v. 18)

¿Cuál fue su provisión para Agar e Ismael (v. 19)?

Ten en cuenta que el clamor de Agar fue de desesperanza. Dios escuchó la voz de Ismael, no la de Agar. ¡El lamento de Ismael fue el que trajo ayuda! ¿Por qué? Por la promesa que Dios había hecho a Abraham (ver Gn. 17:20 y 21:13). Y recuerda que Ismael significa "Dios oye" (Gn. 16:11).

4. ¿Cómo terminó la historia de Agar e Ismael (vv. 20-21)?

Escena 2: El pacto de Abraham con Abimelec.

1. Hay otra escena en Génesis 21. Lee los versículos 22-34 y localiza con precisión Beerseba en tu mapa. ¿Cuál fue la causa de esta disputa (v. 25), y cómo terminó la misma (v. 27)?

¿Qué promesa de Génesis 12:2 vemos cumplida aquí?

¿Qué comenta Abimelec en Génesis 21:22 acerca de la relación de Abraham con Dios?

2. Por último, Abraham invoca al Señor. ¿Qué nombre usa él (v. 33)?

...*y la respuesta de tu corazón*

Respecto a la escena 1: Despedida de Agar

- Dios es fiel, aunque no siempre nos percatemos de ello. En el caso de Sara, puede que no se haya dado cuenta (si es que llegó a saberlo) del cuidado de Dios hacia Agar y su indómito hijo Ismael. Pero ¿qué le prometió Dios a Abraham en Génesis 17:20?

  ¿Y qué le había prometido a Agar en Génesis 16:10?

- ¡Aquí vemos en toda su plenitud la fidelidad del Señor! Como dije, nos guste o no, nos importen o no sus caminos, Dios *es* fiel. Amada, aunque nos encanta que Él sea fiel con nosotras, ¿cómo reaccionas cuando su fidelidad se extiende a alguien que no te importa, o a alguien que consideras injusto o indigno del favor de Dios? ¿Qué enseñan estos versículos al respecto?

  Éxodo 33:19

  Proverbios 24:17-18

  Mateo 5:45

Respecto a la escena 2: Pacto de Abraham con Abimelec.

¡Abraham ya había pasado por esto! Primero, él y su sobrino Lot habían tenido una "guerra territorial", y Abraham había tomado la iniciativa de resolver el conflicto (Gn. 13). Aquí en Génesis 21, cuando surgió el conflicto, estos dos nobles hombres —Abraham y Abimelec—, comenzaron a resolverlo. Y no solo enderezaron las cosas y resolvieron el conflicto, sino que establecieron un pacto mutuo.

• ¿Cómo manejas los problemas, amiga mía? Escribe las lecciones que puedes aprender de estos dos maestros. Luego lee mis propias conclusiones sobre la forma como resolvieron estos dos hombres sus conflictos:

> ✔ No evites el problema (vv. 22-24).
>
> ✔ Descríbelo de manera explícita (v. 25).
>
> ✔ Examínalo a fondo (v. 26).
>
> ✔ Manéjalo de forma exitosa (v. 27).
>
> ✔ Declara la obra de Dios en tu vida (v. 33).
>
> ✔ Decide ser una pacificadora (v. 34).

En cuanto a Beerseba (v. 31), se convirtió en el lugar de residencia tanto de Abraham como de Isaac. Y en cuanto al Dios eterno, (*El Olam,* el Dios de la eternidad), el patriarca Abraham "pronto se iría del mapa de la historia, pero su Dios, el inmutable y eterno, permanecería".[39] De hecho, el Dios eterno, preexistente a todos los mundos, aun estará cuando desaparezca el tiempo y cesen los días.

Meditemos

Hemos visto la fidelidad de Dios con Sara, Abraham e Isaac. No obstante, considero que este sería un buen momento para volver a recordar la fidelidad de Dios con Agar, la mujer y madre desechada, y con su hijo Ismael. Aquí está el final de la meditación del inicio de esta lección:

¿*E*stás disfrutando la resplandeciente gloria de las muchas y preciosas promesas que Dios te da en las Escrituras, y que están llenas de esperanza para tu futuro? ¿En cuáles de sus maravillosas promesas confías? Dale gracias a Dios por este puñado de valiosas promesas de su gigantesca mina de esperanza:

1. *Su presencia constante que guía y alienta.* "Yo estoy con vosotros todos los días" (Mt. 28:20).

2. *Un cuerpo nuevo.* Él "transformará el cuerpo de la humillación nuestra, para que sea semejante al cuerpo de la gloria suya" (Fil. 3:21).

3. *Una vida sin aflicción ni dolor.* "Enjugará Dios toda lágrima de los ojos de ellos; y ya no habrá muerte, ni habrá más llanto, ni clamor, ni dolor" (Ap. 21:4).

4. *Vida eterna en su tierna presencia.* "Y yo les doy vida eterna; y no perecerán jamás" (Jn. 10:28).

5. *Descanso para tu alma.* "Venid a mí todos los que estáis trabajados y cargados, y yo os haré descansar" (Mt. 11:28).[40]

Ahora, amada, ¿cuáles de estas preciosas promesas necesita hoy tu fatigada alma?

Lección 22

Dispuestas a sacrificarlo todo

Génesis 22:1-14

Nos gusta hablar con ligereza acerca de amar a Dios. Pero ¿sabemos lo que realmente significa "amar" a Dios a toda costa? ¿Sabemos lo que significa estar dispuesto a sacrificarlo todo por obedecer a Dios… renunciar incluso a padre y madre, a esposos e hijos, a hermanas y hermanos, y aun a la vida misma (Lc. 14:26)?

Una cosa es hablar, y otra muy diferente actuar, que es la verdadera prueba del amor. Como 1 Juan 3:18 nos recuerda: "Hijitos míos, no amemos de palabra ni de lengua, sino de hecho y en verdad".

La lección de hoy en la vida de Sara y Abraham, que ahora incluye a su milagroso, amado y anhelado hijo Isaac, es un estudio serio de lo que significa verdaderamente amar a Dios. En una palabra, significa *obediencia*, al precio que sea.

Ahora veamos y aprendamos en qué consiste el amor, la fe, la obediencia y la disposición a sacrificar.

La enseñanza de Dios...

¿Dónde estaba Sara cuando sucedieron estas cosas? No lo sabemos, porque la Biblia no lo dice. ¿Sabía ella lo que sucedía? Tampoco lo dice la Biblia. Sin importar lo que Sara haya podido hacer al respecto, fue un hecho que tuvo lugar en la vida de su amado esposo Abraham, y de su precioso hijo Isaac. ¡Y es indudable que sus vidas jamás serían iguales después de esto!

1. Lee Génesis 22:1-8. ¿Qué dice el versículo 1 acerca de lo que Dios estaba haciendo?

¿Qué le ordenó a Abraham (v. 2)?

¿Cómo respondió Abraham a semejante ordenanza (v. 3)?

Cuando Abraham e Isaac se separaron del resto del grupo, ¿qué dijo Abraham a los otros (v. 5)?

¿Qué revela Hebreos 11:17-19 sobre la expectativa de Abraham?

¿Y qué le había prometido Dios en Génesis 21:12?

2. Más adelante Isaac hizo una pregunta. ¿Cuál fue (v. 7)?

¿Cuál fue la respuesta de Abraham (v. 8)?

3. Antes de seguir adelante, cabe añadir unos datos y comentarios que nos ayudan a comprender mejor la escena:

Dios probó a Abraham (v. 1). Esta no fue una tentación para que pecase, sino una prueba que le proporcionó a Abraham la oportunidad de desarrollar más su fe.

Moriah (v. 2). El nombre de este monte representa el nombre de Dios: Jehová–Jireh. El significado de ambos nombres alude a la provisión del Señor, que será "vista". Dicho de otra forma, Dios "se ocupará de ello" y "será visto" (lee también el v. 14). Para tu información, sobre ese mismo monte, Salomón construyó después un gran templo a Dios (2 Cr. 3:1).

Distancia (v. 4). En tres días, Abraham e Isaac recorrieron entre 80 y 96 kilómetros desde Beerseba hasta el monte Moriah. (Recuerda mirar el mapa en la página 145).

4. Ahora lee Génesis 22:9-14. Cuando Abraham e Isaac llegaron al lugar designado, ¿qué hizo Abraham (v. 9)?

¿Qué hizo después (v. 10)?

(¿Puedes creerlo?) Pero, ¿cuál es la primera palabra del versículo 11?

¿Cuál fue el mensaje para Abraham (v. 12)?

¿Qué mensaje comunicaron las acciones de Abraham al Señor (v. 12)?

Describe qué sucedió después (v. 13).

¿Cómo llamó Abraham a este lugar especial y por qué (v. 14)?

...*y la respuesta de tu corazón*

En este pasaje de las Escrituras, el esposo de Sara caminó literalmente paso a paso con Dios cuando obedeció la orden inicial del Señor, empacó las cosas (¡y a Isaac!) para el sacrificio, y partió en un viaje de tres días al lugar señalado por Dios. Caminó paso a paso... tres días completos... directo al monte Moriah.

• Hasta este suceso, ¿cómo habían demostrado Abraham y Sara su fe en Dios según estos versículos de Hebreos 11?

Versículo 8:

Versículos 9-10:

Versículo 11:

¿Qué dice Hebreos 11:17-19 sobre la escena y la prueba de fe descrita en esta lección?

• ¡Y Abraham pasó la prueba! Escucha estas elocuentes palabras:

> Ninguna prueba pudo haber sido más dura que la impuesta ahora por Dios. Y ninguna obediencia pudo haber sido más perfecta que la de Abraham... Él [fue llamado] a demostrar obediencia absoluta y total confianza en Jehová... [para] obedecer ciegamente y avanzar paso a paso hasta que [su] fe se levantara con la claridad del sol del mediodía. Abraham pasó en medio de las más ardientes llamas, soportó la presión más fuerte y sobrellevó la tensión más difícil, para salir de la prueba completamente triunfante.[41]

Cuando meditaba en el drama de Abraham y en la dimensión de la demanda divina de ofrecer a su único hijo, me vino a la mente Romanos 8:32. Medita ahora en el mensaje de ese versículo.

• Pero ¿cómo es nuestro caminar en lo que a la obediencia se refiere? ¿Qué "sacrificios" de obediencia estamos ofreciendo o podemos dar como ofrenda de amor a Dios? Creo que como mujer, esposa, madre e hija, los siguientes versículos contienen "pasos" de obediencia y pruebas de amor que siguen vigentes. Pon atención a los "mandatos" de Dios:

Como mujer—1 Timoteo 5:10

Como esposa—Tito 2:4

Como madre—Tito 2:4

Como hija—Éxodo 20:12 y Efesios 6:2-3

Analiza en cuál de estas áreas has faltado en tu sujeción a la Palabra de Dios. Luego haz planes, resuelve en tu corazón y ora para tener la gracia de Dios y poder así obedecer sus mandamientos. ¿Qué dijo Jesús en Juan 14:15?

Meditemos

Amada, la fe de Abraham brilló "como el sol del mediodía", conforme la describe la cita anterior. ¿Por qué? Porque él creyó y actuó conforme a la promesa de Dios. Alguien lo ha expresado en los siguientes términos:

> Había una promesa: "En Isaac te será llamada de cendencia".
>
> Había un mandato: "Ofrece a Isaac en holocausto".
>
> ¿Cómo concilió Abraham ambas cosas? No lo hizo, no podía.
>
> Él solamente obedeció el mandato, y Dios cumplió la promesa.[42]

Pero ahora dejemos al patriarca y hablemos de ti, querida. Considera de nuevo esta escena culminante de la vida de Abraham en Génesis 22, junto con las palabras de Jesús en Lucas 14:26. Luego responde esta pregunta: ¿Estás dispuesta a sacrificarlo todo?

Lección 23

Recibir la bendición de Dios

¿ *R*ecuerdas nuestra lección anterior? ¿Recuerdas cómo Abraham levantó su cuchillo sobre su único hijo, Isaac? En cuanto a mí, contuve el aliento… hasta que leí esas maravillosas palabras: "Entonces el ángel de Jehová le dio voces desde el cielo… Y dijo: No extiendas tu mano sobre el muchacho, ni le hagas nada; porque ya conozco que temes a Dios, por cuanto no me rehusaste tu hijo, tu único" (Gn. 22:11-12). Como alguien dijo: "Abraham no retuvo nada, y Dios se lo dio todo".[43]

En un momento veremos más sobre las bendiciones concedidas a Abraham. Pero por ahora veamos cómo terminan esta historia y este capítulo.

La enseñanza de Dios…

Hasta aquí, Dios le había pedido a Abraham que sacrificara a su hijo Isaac. Vimos que la obediencia de Abraham fue inmediata: viajó hacia el lugar señalado, construyó un altar, ató a su hijo, lo puso sobre el altar, y levantó su cuchillo sobre el muchacho.

Sin embargo, Dios interrumpió y detuvo el sacrificio. Entonces Abraham divisó un carnero que estaba atrapado por sus cuernos en un matorral, el cual ofreció en lugar de Isaac. Sin duda, esta fue una experiencia extraordinaria, y por eso Abraham llamó al lugar "Jehová proveerá". Ahí es donde retomamos hoy el texto bíblico.

1. Lee Génesis 22:15-19. *¿Quién* volvió a llamar a Abraham desde el cielo (v. 15)?

   ¿Cuál fue su mensaje para Abraham (vv. 16-18)? Asegúrate de hacer una lista de cada "promesa".

   Compara este mensaje de bendición con Génesis 13:16 y Génesis 15:5.

   ¿Cómo termina esta escena (v. 19)?

2. Ahora lee Génesis 22:20-24. Esto puede no parecer muy importante, pero las "bendiciones" habían comenzado a llegar. Dios prometió que haría de Abraham una gran nación. Las noticias de lejos serían parte de esta bendición. ¿Cuál fue el mensaje (v. 20)?

   ¿Quién era Milca (lee Gn. 11:29)?

   ¿Y quién era Nacor (lee Gn. 11:27 y 29)?

   Detente a examinar Génesis 22:23. ¿En quién se convertiría Rebeca (lee Gn. 24:67)?

...*y la respuesta de tu corazón*

- Abraham obedeció... y el Señor dio su bendición. Si andamos en obediencia, las bendiciones también nos pertenecen. Entonces, ¿cómo está tu medida de obediencia? Anota aquí algunas de tus respuestas y tus explicaciones a las mismas.

¿Ocupa Dios el primer lugar en tu vida, e incluso precede a tu familia?

¿Eres una esposa, madre e hija atenta y fiel?

¿Tienes siempre presentes a tus seres queridos y oras con fervor por ellos?

¿Reconoces algunas áreas de desobediencia en tu vida?

¿Qué has planeado para cambiar en estas áreas?

¿Los demás te tienen en gran estima debido a tu carácter?

¿Eres una bendición para los demás?

Meditemos

"Jehová proveerá". Ahora sabemos que este es el nombre que Abraham le dio al lugar donde Dios proveyó un carnero para sacrificar en lugar de Isaac. Pero ¿sabías que este también es un nombre para Dios? En la lección anterior vimos que *Jehová–Jireh* significa "Jehová proveerá".

Amada, esta es una poderosa promesa de la cual tú y yo podemos echar mano en cualquier momento. Cada vez que te sientas agobiada porque se te pide o se te exige algo y no sabes *cómo* hacerlo, recuerda y cree que "el Señor proveerá". El papel de Dios es proveer, y el nuestro, caminar en obediencia plenamente confiadas en Él. Recuerda estos acontecimientos:

> El Mar Rojo sólo se abrió cuando Moisés levantó su mano y su vara (Éx. 14:16, 21).

> Las aguas del Jordán sólo se dividieron cuando los sacerdotes entraron en ellas (Jos. 3:13).

> La familia de Rahab sólo se salvó cuando ella ató el cordón de grana en su ventana (Jos. 2:21).

> El aceite de la viuda sólo aumentó cuando ella lo vertió (2 R. 4:5).

> La lepra de Naamán sólo se curó cuando él se lavó siete veces en el río Jordán (2 R. 5:14).

En cada una de estas situaciones, la bendición sólo llegó *después* que la fe actuó, igual que sucedió con Abraham. Y todas eran situaciones imposibles, como en el caso de Abraham. Y en cada oportunidad Dios empujó a sus queridos hijos hasta el borde del precipicio… hasta que se vieron obligados a dejar el sentido común y la razón, y la fe pudiera florecer; hasta que lo "visible" dio lugar a la fe que es "invisible". Esto fue exactamente lo que sucedió con Abraham. Y amada, así sucede en realidad contigo.[44]

Ahora, anota el mayor desafío de tu vida, y los pasos de obediencia *y* fe que debes tomar para contemplar las abundantes bendiciones de Dios. Y recuerda: "¡el Señor proveerá!"

Lección 24

Digamos adiós a Sara

Génesis 23:1-20

*H*ace menos de una semana, mi esposo y yo asistimos al funeral en memoria de la suegra de nuestra hija Courtney, que se llamaba Lois. Allí experimentamos sentimientos ambivalentes: *alegría y tristeza* a la vez, un sabor *agridulce,* y *gozo* mezclado con *aflicción.* Sí, allí sentados nos acongojamos, en cierta forma con un sentimiento egoísta por nuestra pérdida, por el vacío que dejó en muchas vidas esta esposa, madre, abuela, hermana y amiga. Durante las dos horas del servicio sollozamos y lloramos.

A pesar de eso, el servicio de Lois fue una celebración. El ministro leyó alentadoras promesas bíblicas de vida eterna. Tanto familiares como amigos se levantaron y honraron a Lois con palabras que traían cálidos recuerdos y homenajes. También cantamos sus himnos favoritos. Cuando se relataron los detalles de sus 58 años de vida, todos nos asombramos ante la bondad y la gracia de Dios no solo manifiestas en Lois, sino en nosotros por igual. En nuestro corazón nos alegrábamos por Lois, porque su lucha contra el cáncer había terminado para siempre, y estaba cara a cara con el Señor en un lugar donde nunca más derramará lágrimas, ni sufrirá muerte, aflicción, llanto o dolor (Ap. 21:3-4). Todos salimos de allí reconfortados y animados.

Bueno, amada, hoy nos entristece despedirnos de nuestra amada Sara. Todas las cosas deben llegar a su fin, lo cual es cierto también respecto a la vida de Sara.

El relato de Dios sobre la muerte y el entierro de Sara es único, porque la Biblia registra la edad a la que murió y los detalles de su entierro y funeral. Veamos qué más tiene Dios para enseñarnos.

La enseñanza de Dios

1. Lee Génesis 23:1-2 y localiza Hebrón en tu mapa. ¿Cuántos años tenía Sara cuando murió (v. 1)?

   ¿Dónde murió (v. 2)?

   ¿Cómo reaccionó Abraham ante su muerte (v. 2)?

2. Ahora lee Génesis 23:3-15. Primero tenemos la petición de Abraham. ¿Con quién habló él (v. 3)?

   ¿Cuál fue su petición (v. 4)?

   ¿Cómo fue recibida la misma (vv. 5-6)?

   ¿Cuál fue el terreno específico que Abraham solicitó comprar (vv. 7-9)?

   ¿Cuál fue la respuesta a su oferta (vv. 10-11)?

¿Cuál fue la petición final de Abraham (vv. 12-13)?

¿Cómo terminó esta escena (vv. 14-15)?

Para tu información… muchos rituales y tradiciones rodeaban la muerte y el entierro de una persona en aquella época. Abraham tenía la obligación de honrar de forma apropiada a Sara. Lo que vemos aquí es un educado pero típico regateo; algo así como…

Movimiento #1	Necesito comprar un terreno.
Movimiento #2	Por supuesto. Escoge el mejor.
Movimiento #3	Por favor véndeme aquel.
Movimiento #4	Oh no, tómalo.
Movimiento #5	Oh no, déjame comprarlo.
Movimiento #6	Está bien. Puedes comprarlo.

3. Por último, y para terminar nuestro estudio, lee Génesis 23:16-20. En estos versículos, Dios habla específicamente sobre la propiedad de Abraham (la cual, a propósito, era la única que había comprado hasta el momento). Sin embargo ¿cuál es el acontecimiento principal aquí (v. 19)?

¿Cómo se describe en el versículo 20 la nueva propiedad adquirida por Abraham?

Anota quién más fue enterrado junto a Sara:

Génesis 25:9-10

Génesis 49:29-32

Génesis 50:13

Y ahora, leamos palabras inspiradoras sobre la muerte de estos santos:

> En este mensaje radica la importancia de este capítulo: "Conforme a la fe murieron todos éstos" (dice He. 11:13). Al dejar sus huesos en Canaán, los patriarcas dieron su último testimonio de la promesa: "Aunque se habían silenciado sus voces, el sepulcro gritó a gran voz que la muerte no era impedimento para que ellos entraran a poseerla".[45]

...*y la respuesta de tu corazón*

En nuestra última lección haremos un recuento de toda la vida de Sara. Pero por ahora, estas son algunas lecciones prácticas de la vida de Abraham que debemos considerar seriamente:

• *Enfrentar la muerte.* ¿Qué lecciones aprendemos de la forma en que Abraham enfrentó la muerte de un ser querido?

• *Enfrentar a los hombres.* Describe la manera como trató Abraham a los hombres de Het.

¿Cómo se reveló su carácter en el trato que dio a estos paganos?

¿Cómo lo vieron aquellos hombres?

¿Qué puedes aprender aquí sobre las relaciones interpersonales?

Meditemos

¡Nuestra Sara se ha ido! Pero ella sigue viva no solo en nuestros corazones, sino en la Palabra de Dios que es perfecta, inspirada, infalible y eterna. Siempre podemos disfrutar de una nueva visita con Sara. Ella siempre está allí, y siempre estará, a la vuelta de una página, justo en nuestra Biblia.

De seguro quedó un profundo vacío en la vida de Abraham. No podemos determinar por cuánto tiempo estuvieron casados, pero podemos contar al menos 25 años de matrimonio hasta el nacimiento de Isaac. Sabemos además que Sara murió a los 127 años, lo que suma unos buenos 62 años de matrimonio (y tal vez más) de los cuales podemos dar cuenta.

Sara fue para Abraham, como decimos hoy "el amor de su vida". El suyo fue un amor genuino y tierno, y Sara fue en realidad la "princesa" de Abraham. *Él* fue un hombre de gran fe, y *ella* una mujer de gran fe. Debieron apoyarse mucho el uno al otro en su fe cuando por tantas décadas deambularon en respuesta al llamado de Dios.

Amada mujer conforme al corazón de Dios, seamos nosotras también fieles en seguir las pisadas de fe de Sara. Según la declaración de 1 Pedro 3:6, cuando caminamos por fe y confiamos en Dios y en sus promesas, nos convertimos en sus "hijas".

Lecciones de la vida de Sara

Resumen y repaso

ue una bendición para mí leer la siguiente oración sobre la historia de la vida de Sara. La escribió George Matheson, teólogo escocés, autor consagrado y compositor de himnos:

> Oh Dios, te bendecimos por este cuadro. Nos alegra que para abrir tu gloriosa exhibición hayas elegido un bello retrato de la feminidad sin yugos. Agradecemos la imagen prístina de un ama de casa. Quieras tú que el mundo nunca olvide este cuadro como algo en desuso. ¡Que siempre sea la estrella que guía! ¡Que el hogar de Sara brille siempre por sus propias manos!…
>
> ¡Ábranle paso entre las nubes del cielo masculino! ¡Crea ella en la veracidad de su primera impresión! ¡Permítanle aferrarse a su sueño de juventud! ¡Que el desierto no nuble su devoción! ¡Que su cautela no acarree conflicto! Entonces su noche y su mañana serán como un día despejado.[46]

¡Qué semblanza más bella de nuestra Sara, una princesa y madre de naciones! Su vida cumple en verdad la descripción de este perfil: "Ocupación: esposa, madre y ama de casa".[47] De forma clara, esta elocuente oración y el perfil de su personalidad describen con exactitud el corazón y la vida de la amada Sara.

La enseñanza de Dios...

Para dar un último vistazo a las lecciones de la vida de Sara, relee y toma nota de los siguientes pasajes:

Salmo 105:13-15

Isaías 51:2

Romanos 4:19; 9:9

Hebreos 11:11

1 Pedro 3:6

...y la respuesta de tu corazón

Cuando miraba el panorama de la vida de Sara y buscaba extraer lecciones de la misma, hice este acróstico.

S–umisa. Dejó su tierra natal y siguió a su esposo que, a su vez, seguía a Dios. Esto significó vivir como nómada (He. 11:9-10).

A–sombrada por el anuncio del Ángel del Señor, ante el cual se rió.

R–azonó. En su anhelo por tener un hijo, le dio a Agar a Abraham.

A–ntecesora de Jesucristo.

Ahora te invito a escribir tu propio acróstico con el nombre de Sara. Pero más que eso, quisiera que hicieras uno con tu nombre, en la página 144, que sea una descripción de *ti* misma. Medita un poco antes de escribir. También es una buena idea obtener información de tu esposo, de tu familia y de tus amigos. ¡Te prometo que será un ejercicio inestimable!

Meditemos

Siempre me han entristecido las despedidas. Y así me siento ahora que nos despedimos de Sara y que yo me despido de ti, mi amada hermana y fiel compañera de viaje. Pero antes de que sigamos cada una nuestro camino, tengo una última pregunta para ti. "Esperar" fue uno de los temas principales en la vida de la querida Sara, y por eso ahora te pregunto: ¿Qué estás esperando tú?

Esperar es "permanecer inactivo en actitud de expectación". ¿Por cuál motivo permaneces inactiva en actitud de expectación? ¿Estás esperando que un hijo pródigo regrese a su Padre? ¿O estás esperando ser librada de un dolor físico? Quizás esperas un esposo, o que tu esposo vuelva al Señor, o poder amar al Señor de forma más profunda, o ser la líder espiritual de tu hogar. ¿Puede ser que esperes tener un bebé, como nuestra Sara? ¿O esperas que se esclarezca algún desafortunado malentendido, que Dios acuda en tu ayuda y te haga justicia (Sal. 37:6)? ¿Esperas con ilusión tu partida al cielo, que tu cuerpo descanse y llegue tu victoria final para ir a casa, a la morada celestial que tanto anhelas?

Dios nos pide esperar, dispuestas y expectantes, y que caminemos en sus promesas, al igual que Sara. Tú eres su hermana cuando confías en Dios (1 P. 3:5-6).[48]

Un acróstico de mi nombre

Los viajes de Abraham y Sara

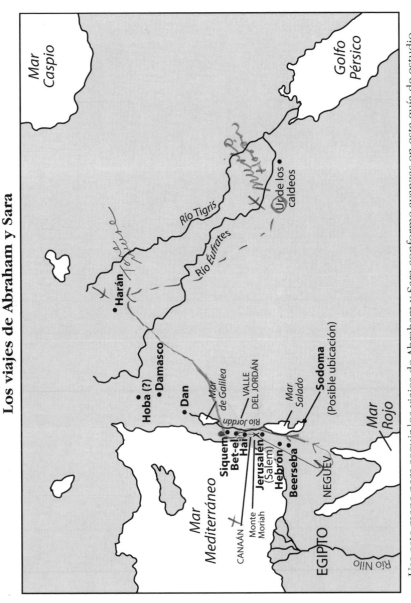

Usa este mapa para seguir los viajes de Abraham y Sara conforme avanzas en esta guía de estudio.

Notas

1. Tomado de Elizabeth George. *A Woman After God's Own Heart®* [Una mujer conforme al corazón de Dios]. Eugene, OR: Harvest House Publishers, 1997, pp. 24-29. Publicado en castellano por Unilit.

2. N. Avigad y Y. Yadin. *A Genesis Apocryphon* [Génesis Apócrifo]. Jerusalén: Magnes Press, 1956, cols. 20:6f.

3. De un comentario judío de Proverbios 31:10. *Midrash Michle* 31.

4. W. Gunther Plant. *The Torah: A Modern Commentary* [Comentario moderno de la Tora]. NuevaYork: Union of American Hebrew Congregations, 1981, p. 158.

5. Derek Kidner. *Genesis* [Génesis]. Downers Grove, IL: Intervarsity Press, 1973, p. 111.

6. Extraído de Neil S. Wilson, ed. *The Handbook of Bible Application* [Manual de aplicación bíblica]. Wheaton, IL: Tyndale, Inc., 1992, pp. 501-502.

7. Gene A. Getz. *Abraham: Trials & Triumphs* [Abraham: pruebas y triunfos]. Glendale, CA: Regal Books Division, G/L Publications, 1976, p. 17.

8. William J. Petersen y Randy Peterson. *The One Year Book of Psalms* [El libro de los Salmos en un año]. Wheaton, IL: Tyndale, Inc.,1999, 25 de marzo.

9. Matthew Henry. *Commentary on the Whole Bible—Volume 1* [Comentario bíblico Matthew Henry, Vol. 1]. Peabody, MA: Hendrickson Publishers, 1996, p. 70. Publicado en castellano por Editorial Clie.

10. Civilla D. Martin. "Él cuida de las aves".

11. Getz. *Abraham: Trials & Triumphs* [Abraham: pruebas y triunfos], pp. 34-38.

12. William J. Petersen y Randy Petersen. *The One Year Book of Psalms* [El libro de los Salmos en un año], 10 de marzo.

13. Robert Jamieson, A. R. Fausset, y David Brown. *Commentary on the Whole Bible* [Comentario de toda la Biblia]. Grand Rapids, MI: Zondervan, 1973, p. 26.

14. *Life Application Bible* [Biblia de aplicación práctica]. Wheaton, IL: Tyndale, Inc., 1988, p. 25.

15. Ibid., p. 28.

16. Henry. *Commentary on the Whole Bible—Volume 1* [Comentario bíblico Matthew Henry, Vol. 1] p. 78.

17. Getz. *Abraham: Trials & Triumphs* [Abraham: pruebas y triunfos], p. 75.

18. *Life Application Bible* [Biblia de aplicación práctica], p. 30.

19. Ben Patterson. *Waiting—Finding Hope When God Seems Silent* [Esperar—Cómo encontrar esperanza cuando parece que Dios calla]. Downers Grove, IL: InterVarsity Press, 1989, p. 10.

20. Jamieson, Fausset, y Brown. *Commentary on the Whole Bible* [Comentario de toda la Biblia], p. 27.

21. Kidner. *Genesis* [Génesis], pp. 128-129.

22. Ibid., p. 130.

23. G. Campbell Morgan. *Life Applications from Every Chapter of the Bible* [Aplicaciones prácticas de cada capítulo de la Biblia]. Grand Rapids, MI: Fleming H. Revell, 1994, p. 12.

24. John H. Sammis. "Obedecer y confiar".

25. Elizabeth George. *Women Who Loved God—365 Days with the Women of the Bible* [Mujeres que amaron a Dios—365 días con las mujeres de la Biblia]. Eugene, OR: Harvest, 1999, 21 de enero .

26. William T. Summers, ed. *3000 Quotations from the Writings of Matthew Henry* [3000 citas de los escritos de Matthew Henry]. Grand Rapids, MI: Fleming H. Revell, 1982, p. 149.

27. Roy B. Zuck, ed. *The Speaker's Quote Book* [El libro de citas del orador], citando a H. G. Salter. Grand Rapids, MI: Publicaciones Kregel, 1997, p. 320.

28. Charles F. Pfeiffer y Everett F. Harrison, eds., *The Wycliffe Bible Commentary* [Comentario bíblico Moody]. Chicago: Moody Press, 1993, p. 25. Publicado en castellano por Editorial Portavoz.

29. Getz. *Abraham: Trials & Triumphs* [Abraham: pruebas y triunfos], p. 57.

30. John MacArthur. *Biblia de estudio de MacArthur*. Grand Rapids: Editorial Portavoz, 2005, p. 40.

31. Getz. *Abraham: Trials & Triumphs* [Abraham: pruebas y triunfos], p. 57.

32. Ibid.

33. Pfeiffer y Harrison, eds. *The Wycliffe Bible Commentary* [Comentario bíblico Moody], p.26.

34. Kidner. *Genesis* [Génesis], p. 138.

35. Ibid, p. 139.

36. Autor anónimo.

37. George. *Women Who Loved God—365 Days with the Women of the Bible* [Mujeres que amaron a Dios—365 días con las mujeres de la Biblia], 29 de enero.

38. Ibid, 2 de febrero.

39. Pfeiffer y Harrison, eds. *The Wycliffe Bible Commentary* [Comentario bíblico Moody], p. 27.

40. George. *Women Who Loved God—365 Days with the Women of the Bible* [Mujeres que amaron a Dios—365 días con las mujeres de la Biblia], 29 de enero.

41. Pfeiffer y Harrison, eds. *The Wycliffe Bible Commentary* [Comentario bíblico Moody], p.27.

42. D. L. Moody. *Notes from My Bible & Thoughts from My Library* [Apuntes de mi Biblia e ideas de mi biblioteca], citando a Hector Hall. Grand Rapids, MI: Baker Book House, 1979, p. 15.

43. Moody. *Notes from My Bible & Thoughts from My Library* [Apuntes de mi Biblia e ideas de mi biblioteca], p .22.

44. Extraído de Elizabeth George. *The Lord Is My Shepherd* [El Señor es mi Pastor]. Eugene, OR: Harvest, 2000, pp. 38-40.

45. Kidner. *Genesis* [Génesis], citando a John Calvin, p. 145.

46. George Matheson. *Portraits of Bible Women* [Semblanzas de las mujeres de la Biblia]. Grand Rapids, MI: Publicaciones Kregel, 1993, pp. 42-43.

47. *Life Application Bible* [Biblia de aplicación práctica], p. 35.

48. Extraído de George. *Women Who Loved God—365 Days with the Women of the Bible* [Mujeres que amaron a Dios—365 días con las mujeres de la Biblia], 28 de enero.

Oraciones *para el* corazón de la mujer

Elizabeth George

¿Anhelas nutrir una vida significativa de oración? Para todas las situaciones ordinarias y extraordinarias a las que te enfrentas cada día, llega una colección de 100 oraciones de la popular autora Elizabeth George. Luego de cada oración hay breves devociones para ayudarte a navegar las relaciones con tu familia, amigos y el mundo que te rodea.

¡Descubre las riquezas de la gracia de Dios en tu vida!

La *Biblia de la mujer conforme al corazón de Dios* es una Biblia que te informa e instruye, te inspira y edifica, y te deleita y ayuda cada día. Entre sus herramientas de estudio, la Biblia incluye introducciones a los libros de la Biblia, 172 biografías de las principales mujeres y hombres de la Biblia, 25 artículos de sabiduría y 400 perlas de sabiduría, lecturas devocionales diarias, lecciones para la mujer de hoy y más.

Disponible en tapa dura y dos ediciones de lujo.

EDITORIAL
PORTAVOZ

NUESTRA VISIÓN

Maximizar el efecto de recursos cristianos de calidad que transforman vidas.

NUESTRA MISIÓN

Desarrollar y distribuir productos de calidad —con integridad y excelencia—, desde una perspectiva bíblica y confiable, que animen a las personas a conocer y servir a Jesucristo.

NUESTROS VALORES

Nuestros valores se encuentran fundamentados en la Biblia, fuente de toda verdad para hoy y para siempre. Nosotros ponemos en práctica estas verdades bíblicas como fundamento para las decisiones, normas y productos de nuestra compañía.

Valoramos la excelencia y la calidad
Valoramos la integridad y la confianza
Valoramos el mérito y la dignidad de los individuos y las relaciones
Valoramos el servicio
Valoramos la administración de los recursos

Para más información acerca de nuestra editorial y los productos que publicamos visite nuestra página en la red: www.portavoz.com